Ein Buch der Aktion Ameise

Laubfrosch

RICHARD PODLOUCKY

Wir tun was

für Frösche und Kröten

Herausgegeben
von Gunter Steinbach

Alpensalamander

Natur

Richard Podloucky, geboren 1947, studierte an der Universität Hamburg Biologie mit Schwerpunkt Zoologie. Von 1977 bis 1979 leitete er als Kurator das Aquarium/Terrarium des zoologisch-botanischen Gartens »Wilhelma« in Stuttgart. Seit 1979 ist er als Zoologe im Bereich Tierartenschutz der Fachbehörde für Naturschutz im Niedersächsischen Landesverwaltungsamt tätig. Zu seinen Aufgaben gehören Kartierungen und alle Fragen des Schutzes von Kriechtieren, Lurchen und Fischen; unter anderem auch die Beratung und Betreuung bei Gewässer-Neuanlagen und Kröten-Schutzmaßnahmen. Richard Podloucky veröffentlichte viel zum Thema Umwelt- und Naturschutz sowie über Amphibien und Reptilien und unternahm mehrere zoologische Studienreisen in den peruanischen Urwald. Er gehört mehreren Fachgesellschaften und Naturschutzverbänden an, wohnt heute bei Hannover und beschäftigt sich in seiner Freizeit auch mit Naturfotografie und Terraristik.

8000 München 46 · Frankfurter Ring 150

Umschlagbild: Dieter Mettelsiefen, München
Umschlaggestaltung: Adolf Bachmann, Reischach
Foto auf Seite 34: B. Böttcher, alle anderen Fotos: Richard Podloucky
Illustrationen der Seiten 15 (Laubfrosch) bis 22 Monika Hänel, Hamburg, der Seite 40 José Vela Gomez, Hannover, der Seiten 2, 5, 7 und 15 (Kammolch) Fritz Wendler, Weyarn
Redaktion: René Rilz
Herstellung: Manfred Prochnow
Satz/Druck: Presse-Druck Augsburg
ISBN: 3 505 09340-8 (Buch)
ISBN: 3 505 09244-4 (Taschenbuch)
Bestell-Nr.: 9340 (Buch)
Bestell-Nr.: 9244 (Taschenbuch)

Inhalt

Feuersalamander

Zum Buch

Es gibt nur noch wenige Wirbeltiergruppen der Natur, die nicht unseren Schutz brauchen. Menschen bedrohen das Überleben vieler Tierarten, Menschen können ihnen aber auch helfen. Das jährlich sich wiederholende Massensterben von Fröschen und Kröten unter Autoreifen läßt sich an vielen straßenquerenden Wanderwegen der Lurche erheblich verringern. Jugendliche und Jugendgruppen leisten seit Jahren wertvollste Dienste für den Schutz der Amphibien. Denn um Frösche und Kröten vor dem feststellbaren Rückgang und drohenden Aussterben zu bewahren, bedarf es vieler helfender Hände. Am rechten Ort und zur rechten Zeit; jedes Jahr von neuem.

Aber noch einschneidender als der Straßentod wirken sich Veränderungen und Zerstörungen der Lebensräume unserer Frosch- und Schwanzlurche aus. Richard Podloucky, in der Naturschutzverwaltung Niedersachsens für den Artenschutz tätig, vermittelt in diesem Buch viele wissenswerte Einzelheiten über das Leben der Amphibien unserer Heimat. Er gibt aus seiner reichen Erfahrung eine überraschende Fülle praktikabler Ratschläge. Denn Aktionen für den Artenschutz helfen den bedrohten Tieren nur, wenn sie gut geplant und sachgemäß durchgeführt werden. Der Autor schätzt die Mög-

lichkeiten junger Leute zu Recht hoch ein, wenn er euch am Schluß des Bändchens ermuntert, nicht nur Artenschutzarbeit zu leisten, sondern euch an die Öffentlichkeit zu wenden. Greift an! Auch das Leben unserer kleinen, wechselwarmen Mitgeschöpfe ist es wert, bewahrt zu werden. G. S.

Wie alles begann

An diesem Märzabend ist es spät geworden, als Johannes, von seinem Freund Florian kommend, über die schon fast im Dunkeln liegende Landstraße radelt. Schemenhaft taucht linker Hand ein großer Laubwald auf. Es hat leicht geregnet, so daß sich die Scheinwerfer der Autos auf dem nassen Asphalt spiegeln. Im Lichtkegel eines vorbeirasenden Wagens erkennt Johannes plötzlich eine faustgroße Erhebung am Boden. Ein Stein? Aber war da nicht eben eine Bewegung? Als er die Stelle erreicht hat und vom Fahrrad abspringt, ist die Straße leer. Das Auto hinterließ nur die Umrisse einer plattgefahrenen Kröte. Und dann stellt Johannes erst die Bescherung fest. Nicht eine, sondern Dutzende toter Kröten liegen auf der Fahrbahn. Für die Kröten wurde die Straße zum Massengrab.

Johannes hatte schon früher mal davon gehört, daß im Frühjahr Kröten auf ihrer Wanderung zu den Teichen überfahren wurden. Aber gleich so viele, und daß die Tiere so hilflos den Autorädern ausgeliefert sind, dagegen muß man doch etwas tun! Hatte nicht sein Klassenkamerad Thomas von einer Jugendgruppe im Nachbardorf erzählt? Die stellten im letzten Jahr Krötenzäune auf und sammelten Kröten in Eimern. Während sich Johannes wieder auf sein Rad schwingt, läßt ihn der Gedanke an die überfahrenen Tiere nicht los. Gleich morgen will er seine Klassenkameraden fragen, ob man nicht auch hier am Buchenwald einen Krötenzaun errichten kann.

Und so kam es. Johannes baute schließlich mit seinen Freunden unter der Anleitung ihres Biolehrers einen Krötenzaun. Und die Aktion hatte Erfolg: Mehr als 500 Erdkröten konnten die Jugendlichen vor dem sicheren Straßentod retten.

Johannes war stolz und glücklich zugleich. Sogar in der Zeitung stand etwas über ihren Einsatz. Die vielen geretteten Kröten hatten die zahllosen Stunden belohnt, die sie mit dem Auf- und Abbau des Zaunes und den Kontrollen der Eimer am

Zaun verbracht hatten. Viel hatte er in dieser Zeit gelernt: Warum die Erdkröten wandern, wo sie sich im Sommer aufhalten, wie sie im Wasser ihre Eischnüre absetzen, und wie man Männchen und Weibchen unterscheiden kann. Viele Male mußte Johannes beim entleeren der Eimer Kröten in die Hand nehmen. Sie waren gar nicht eklig und glitschig, wie man es immer erzählt bekam. Kalt fühlten sich die Erdkröten schon an, aber Abneigung konnte er beim Anblick der Tiere nicht empfinden. Im Gegenteil, das bernsteingelbe Auge der Erdkröte fand er besonders schön. Und wenn er ein Krötenmännchen mit Daumen und Zeigefinger hinter den Vorderbeinen hochhob, gab es sogar Laute von sich. Johannes beschloß, sich auch weiterhin mit Molchen, Kröten und Fröschen zu beschäftigen und ihnen, wo immer es gehen würde, zu helfen. Mit seinem Freund Florian suchte er in diesem Frühjahr und Sommer alle Teiche und Tümpel ihrer Umgebung auf, um festzustellen, welche Lurche hier noch vorkamen.

Das Wichtigste über Lurche

Es macht wohl kaum Schwierigkeiten, Frosch und Kröte von einem Fisch oder einer Eidechse zu unterscheiden. Molche dagegen werden häufig für Eidechsen gehalten und besonders während der Paarungszeit im Wasser als Wassereidechse bezeichnet. Wir wissen aber, daß unsere heimischen Eidechsen und Schlangen zu den Kriechtieren (Reptilien), Molche, Frösche und Kröten zu den Lurchen (Amphibien) gehören.

Vom Fisch zum Lurch

Auch wenn es uns schwerfällt, Ähnlichkeiten zwischen einem Fisch und einer Kröte festzustellen, bilden die Lurche innerhalb der Wirbeltiere den Übergang vom Wasser- zum Landleben und damit das Bindeglied zwischen den Fischen einerseits, den Kriechtieren, Vögeln und Säugetieren andererseits. Die Lurche stammen von Fischen ab, die bereits Lungen besaßen und ihre

Flossen wie Vorder- und Hinterbeine benutzen konnten. Sie waren sogar in der Lage, bei Austrocknung ihres Gewässers kurze Strecken über Land zu »laufen«. Neben weiteren Umbildungen des Körpers waren dies die Grundvoraussetzungen, um überhaupt an Land leben zu können. Die Lurche schafften den »Landgang« der Wirbeltiere erfolgreich. Wir können noch heute während der Entwicklung vom Ei über die zunächst fischähnliche Kaulquappe bis zum landbewohnenden Jungfrosch beobachten, wie sich vor etwa 360 Millionen Jahren die Entwicklung vom Wasser- zum Landleben vollzogen haben mag.

Typische Merkmale der Lurche

Während Fische noch Flossen tragen, weisen Lurche bereits Vorder- und Hinterbeine mit gewöhnlich 4 Fingern und 5 Zehen auf. Im Gegensatz zu den Kriechtieren schützen sich Lurche weder mit einem Schuppenkleid noch mit einem Hautpanzer, sondern haben eine nackte, drüsenreiche Haut. Ebenso fehlen ihnen Haare und Federn. Die verhornte Oberhaut wird regelmäßig gehäutet, während sich in der Unterhaut viele Schleim- und Giftdrüsen sowie Zellen mit verschiedenen Farbstoffen befinden. Sie bewirken die Körperfarbe und den Farbwechsel, sie dienen dem Sonnenschutz und der Tarnung. Die Schleimdrüsen umgeben die weiche Haut mit einer feuchten Ausscheidung (Sekret), das gegen Austrocknung schützt. Viele Lurche fühlen sich daher schlüpfrig an. Die Giftdrüsen bilden zum Teil recht starke Gifte, die der Abwehr von Freßfeinden dienen.

Atmung

Aufgrund ihrer amphibischen Lebensweise verfügen die Lurche über verschiedene Möglichkeiten der Atmung: Lungen, Mundhöhlenschleimhaut, Haut und während der Larvenzeit auch über Kiemen. Amphibisch heißt, sowohl dem Wasser als auch dem Land zugehörig.

Körpertemperatur

Lurche sind wechselwarme Tiere; ihre Körpertemperatur entspricht weitgehend der jeweiligen Außentemperatur.

Fortpflanzung

Lurche sind getrenntgeschlechtlich, es gibt also Männchen und Weibchen. Sowohl innere als auch äußere Befruchtung kommt vor. Bei der wesentlich häufigeren äußeren Befruchtung gibt das Weibchen die meistens von einer Gallertschicht umhüllten Eier (Laich) ins Wasser ab, wo sie vom Männchen besamt werden.

Entwicklung

Im Gegensatz zu den übrigen Landwirbeltieren führt die Entwicklung der Lurche über wasserlebende Larven, die sich in Aussehen und Lebensweise stark von den ausgewachsenen Tieren unterscheiden und später eine Umwandlung (Metamorphose) zu ihrer endgültigen Gestalt durchmachen. Während die Larven noch eine fischähnliche Form mit flossenbesäumtem Ruderschwanz aufweisen und mit Kiemen atmen, werden bei der Umwandlung zum Landleben die Kiemen und Flossensäume, bei den Fröschen und Kröten auch die Schwänze zurückgebildet. Mittlerweile haben sich Vorder- und Hinterbeine entwickelt, die Haut verändert sich in Struktur und Farbe.

Lurche werden meistens erst mit mehreren Jahren geschlechtsreif. In der Regel kümmern sich die Eltern nicht um ihren Nachwuchs.

Rufe

Bei Fröschen und Kröten sind Lautäußerungen besonders während der Paarungszeit zu vernehmen. Bei zahlreichen Arten werden die Rufe durch Schallblasen verstärkt und ermöglichen damit den Partnern, sich auf größere Entfernung zu finden.

Verbreitung

Lurche sind weltweit verbreitet. Sie fehlen nur in Gebieten mit

Dauerfrost (Polarregionen, schneebedeckte Hochgebirgszonen), mit völliger Trockenheit sowie im Salzwasser der Meere. Ihren größten Artenreichtum entfalten sie in den feuchtwarmen Tropen Südamerikas, Asiens und Afrikas.

Lebensraum

Die meisten Lurche leben im oder in der Nähe vom Wasser, oder sie kehren zumindest während der Fortpflanzungszeit ans Wasser zurück. Nur wenige sind reine Landbewohner. Landlebensräume und die in der Nähe befindlichen Laichgewässer bilden zusammen den Jahreslebensraum.

Lebensweise

Bei starker Hitze oder Kälte graben sich die Lurche im Erdboden oder im Schlamm des Gewässergrundes ein. Auf diese Weise verbringen unsere heimischen Amphibien ihre winterliche Ruhezeit. Zahlreiche Lurche sind am Tag aktiv, die meisten werden jedoch erst mit Einbruch der Dämmerung munter, während sie tagsüber an kühlen, feuchten, schattigen Plätzen im Versteck sitzen. So bleiben sie am besten vor der Austrocknung durch Wind und Sonne geschützt.

Nahrung

Während besonders die Larven der Schwanzlurche Jagd auf kleinste Wassertiere machen, nehmen die Kaulquappen der Froschlurche meistens pflanzliche Nahrung zu sich. Nach der Umwandlung zum Landleben ernähren sich Lurche von Insekten, Schnecken, Würmern oder sogar kleineren Wirbeltieren. Entsprechend ihrer Abhängigkeit von der Außentemperatur fressen sie bei warmen Temperaturen viel, während längerer Kälteperioden können sie monatelang fasten. Sie brauchen dann keine Nahrung. Lurche trinken nicht, sondern nehmen die notwendige Körperflüssigkeit über ihre Haut auf, indem sie Gewässer aufsuchen oder durch nasses Gras streifen.

Systematik

Die etwa 3000 Lurcharten der Erde, deren Größe zwischen weniger als einem Zentimeter und mehr als eineinhalb Meter betragen kann, gliedert man in drei Ordnungen:

- die Blindwühlen, wurmförmige, unterirdisch lebende, schwanzlose Lurche; sie fehlen bei uns;
- die Schwanzlurche mit Molchen und Salamandern;
- die Froschlurche mit Kröten, Fröschen und Unken; diese größte Gruppe der Lurche umfaßt mehr als 2500 Arten.

Zwanzig Steckbriefe heimischer Lurche

In Deutschland leben 20 Lurcharten, die man sechs verschiedenen Familien zuordnet. Sie werden im folgenden kurz beschrieben. Ein Bestimmungs- oder Fachbuch können diese Steckbriefe nicht ersetzen. Das solltet ihr euch bei nächster Gelegenheit schenken lassen. Vorschläge findet ihr am Ende dieses Buches.

Die beiden Hauptgruppen (Ordnungen) der Lurche könnt ihr leicht unterscheiden:

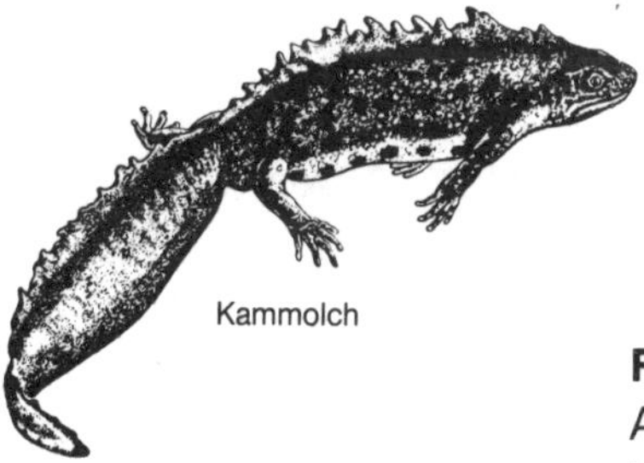

Kammolch

Schwanzlurche

Alle Salamander und Molche. Sie haben einen langgestreckten Körper und Schwanz (eidechsenähnlich), kurze Beine und bewegen sich schlängelnd fort. Bei uns 6 Arten.

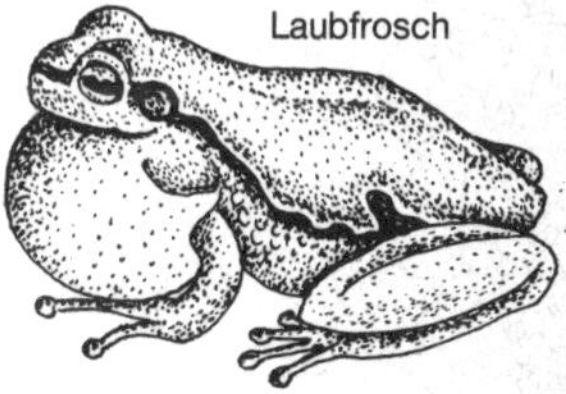

Laubfrosch

Froschlurche

Alle Frösche, Kröten und Unken. Sie haben nach der Umwandlung der Kaulquappe zum Landbewohner keinen Schwanz mehr und bewegen sich mit ihren längeren Hinterbeinen meist hüpfend fort. Bei uns 14 Arten.

Feuersalamander

Aussehen: glänzend schwarzer Körper mit gelben Flecken oder Streifen. *Länge:* bis 20 cm. *Vorkommen:* vorwiegend Laubwälder des Hügel- und Berglandes.

Die Bezugsstriche der Zeichnungen weisen auf Merkmale hin

Alpensalamander

Aussehen: ähnlich Feuersalamander, aber ganz schwarz. *Länge:* bis 16 cm. *Vorkommen:* nur in höheren Berglagen ab 700 m bis oberhalb der Baumgrenze (Alpen).

Kammolch

Aussehen: oberseits braunschwarz mit schwarzen Flecken, Bauch leuchtend gelb/orange mit dunklen Flecken. Männchen während der Paarungszeit mit hohem, zackigem Kamm, der am Schwanzansatz unterbrochen ist. *Länge:* 14–18 cm, größte heimische Molchart. *Vorkommen:* vorwiegend im Flach- und Hügelland, fehlt im Küstenbereich.

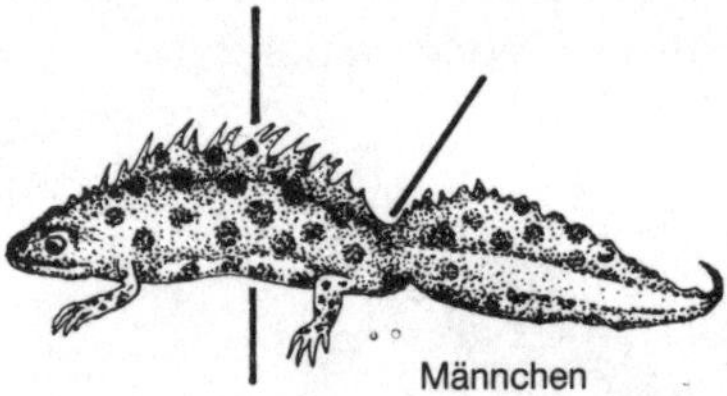

Männchen

Teichmolch

Aussehen: hell-/dunkelbrauner Rücken mit dunklen Flecken, Bauch gelb/orange mit dunklen Flecken; dunkle Streifen an den Kopfseiten. Männchen während der Paarungszeit mit hohem, gewelltem Kamm, der am Schwanzansatz nicht unterbrochen ist. *Länge:* 9,5–11 cm. *Vorkommen:* überall, aber vorwiegend im Flach- und Hügelland.

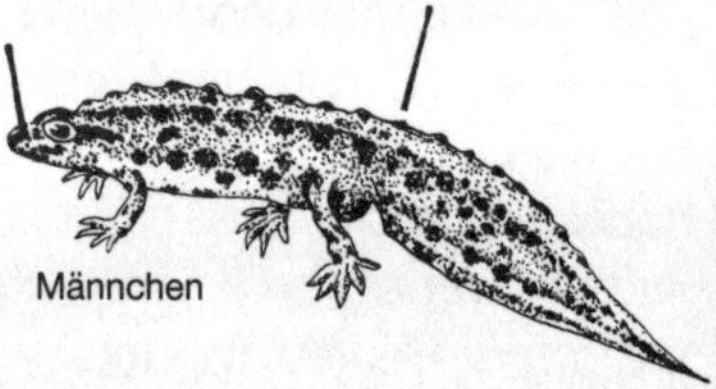

Männchen

Fadenmolch

Aussehen: hellbrauner Rücken, Bauch gelblich, zumindest in der Bauchmitte ungefleckt; Kehle meist ohne Flecken. Durch das Auge verläuft ein dunkler Längsstreifen. Ähnlich Teichmolch, das Männchen trägt aber während der Paarungszeit keinen Kamm. Auffälligstes Merkmal ist ein 5–10 mm langer Schwanzfaden (Name!). *Länge:* 6–9,5 cm, kleinste heimische Molchart. *Vorkommen:* vorwiegend in Laub- und Mischwäldern des Hügellandes. Fehlt im Norden der BRD und weiten Teilen Bayerns.

Männchen

Bergmolch

Aussehen: sehr bunter Molch; Rücken dunkelblau/grünlichbraun, marmoriert, Bauch leuchtend orange, **ohne** Flecken; keine Streifen am Kopf. Männchen während der Paarungszeit auf dem Rücken und an den Seiten intensiv blau; kein Kamm, sondern nur etwa 2 mm hohe, gelb-schwarz gefleckte Rückenleiste; Seiten stark gepunktet. *Länge:* 8–12 cm. *Vorkommen:* vorwiegend im Hügel- und Bergland, fehlt im Küstenraum und weiten Teilen Norddeutschlands.

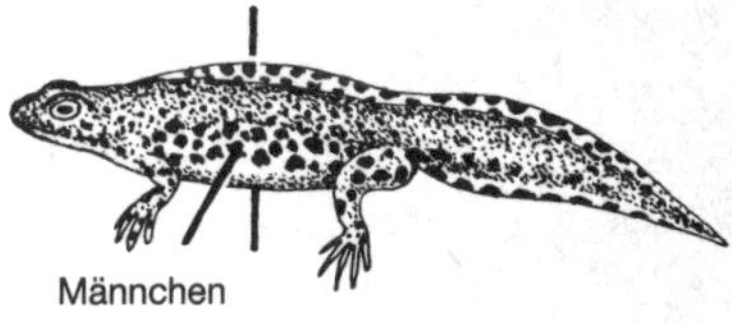

Männchen

FAMILIE SCHEIBENZÜNGLER

Gelbbauchunke

Aussehen: krötenartiger, aber sehr flacher Körper; warzige Oberseite lehmfarben, Bauch leuchtend gelb-schwarz gefleckt; Pupille herzförmig. *Länge:* bis 5 cm. *Stimme:* länger anhaltende Rufreihe »uh-uh-uh«. *Vorkommen:* im Berg- und Hügelland, fehlt nördlich des Mittellandkanals.

Rotbauchunke

Aussehen: ähnlich Gelbbauchunke, aber Unterseite kräftig rot-/orange-schwarz gefleckt, Oberseite dunkelgrau. *Länge:* bis 4,5 cm. *Stimme:* wie Gelbbauchunke, aber dumpfer und mit größeren Zwischenräumen. *Vorkommen:* Flachland, nur im östlichen Schleswig-Holstein und Nordosten Niedersachsens.

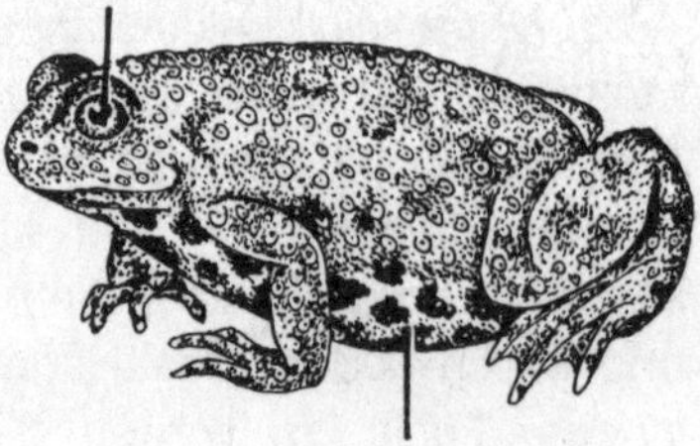

Geburtshelferkröte

Aussehen: krötenartig, Oberseite grau mit vielen Warzen, Unterseite gräulich/weißlich. Nicht zu verwechseln mit Gelbbauchunke, da senkrechte (!) Pupille. Männchen tragen nach Paarungszeit an Land die über die Hinterbeine gewickelten Eischnüre. *Länge:* bis 5,5 cm. *Stimme:* ähnlich Gelbbauchunke, aber mit Wechsel in der Tonhöhe wie eine helle Glocke (Glockenfrosch). Ruft an Land aus Felsspalten oder Bodenlöchern. *Vorkommen:* im Hügel- und Bergland, fehlt nördlich des Mittellandkanals und in weiten Teilen Bayerns.

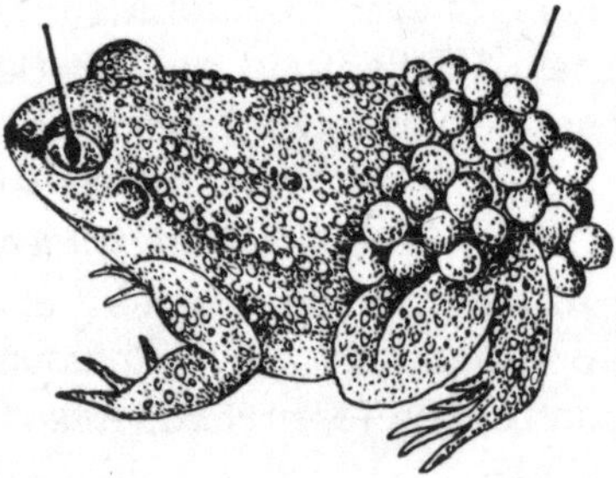

FAMILIE KRÖTENFRÖSCHE

Knoblauchkröte

Aussehen: gedrungen, krötenartig; Haut glatt mit schwach ausgebildeten Warzen; Oberseite hellgrau/-braun mit dunklen Flecken, Bauch meistens

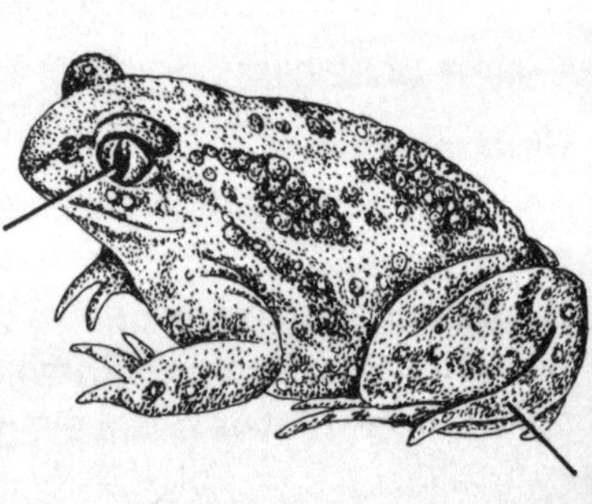

grauweiß, eventuell dunkel gefleckt. Pupille senkrecht. Hinterfuß mit stark ausgeprägter Grabkante vor der kleinsten Zehe. *Länge:* 5–8 cm. *Stimme:* unter Wasser, kurz abgesetztes »wock-wock-wock«. *Vorkommen:* lockere Böden des Flachlandes, fehlt weitgehend im Hügel- und Bergland sowie großen Waldgebieten.

FAMILIE ECHTE KRÖTEN
(warzige, trockene Haut, große Ohrdrüsen, waagerechte Pupillen; 3 Arten)

Erdkröte
Aussehen: bräunlich; Iris der Augen bernstein-/goldfarben. *Länge:* 8–13 cm. *Stimme:* meistens nur Abwehrrufe zu hören, ein hohes, bellendes »oäck-oäck-oäck«. *Vorkommen:* nahezu überall.

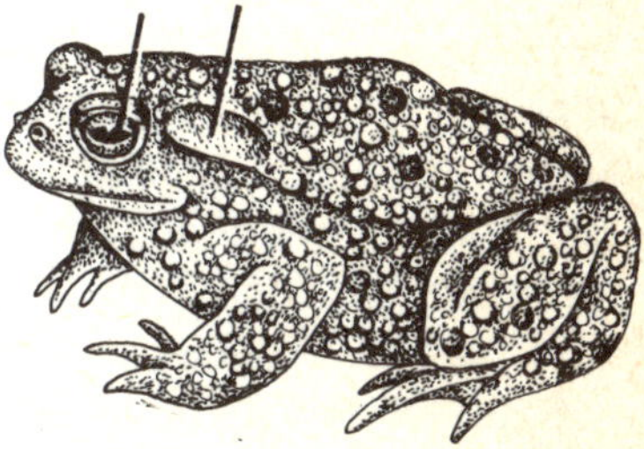

Wechselkröte
Aussehen: oberseits dunkelgrüne Flecken auf hellem Grund; wenig auffallende, zum Teil rote Warzen. Iris grünlich mit schwarzen Sprenkeln. *Länge:* 7–9 cm. *Stimme:* weit hörbares »Trillern«. *Vorkommen:* vorwiegend in offener Kulturlandschaft, fehlt im Alpengebiet und Nordwesten der BRD.

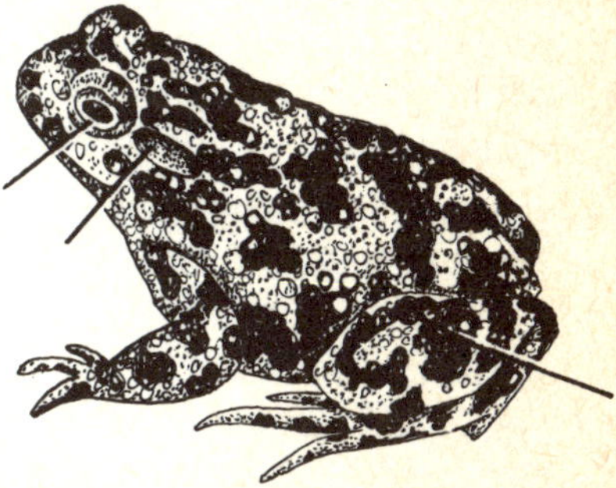

Kreuzkröte
Aussehen: Oberseite bräunlichgrau/-grün, gefleckt. Gelber Streifen verläuft auf dem Rücken (im Kreuz = Name); Warzen oft rötlich. Iris grün. Hüpft nicht, sondern läuft mäuseartig. *Länge:*

bis 8 cm. *Stimme:* sehr laute trillernde Rufreihen. *Vorkommen:* sandige Böden des Flachlandes, Abbaugruben des Hügellandes und Mittelgebirges. Fehlt im Alpengebiet.

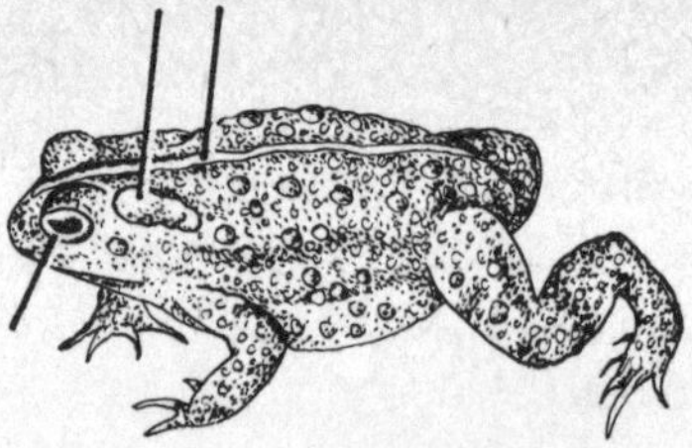

FAMILIE LAUBFRÖSCHE

Laubfrosch

Aussehen: glatte Oberseite, einfarbig grün, gelegentlich grau oder braun; dunkler Streifen von der Nase über das Auge bis zu den Oberschenkeln. Bauch hell. An Fingern und Zehen Haftscheiben. *Länge:* bis 5 cm, kleinste Froschart. *Stimme:* weit hörbares »räpp-räpp-räpp«, auch aus Büschen oder Bäumen rufend. *Vorkommen:* in Grünlandbereichen des Flach- und Hügellandes, fehlt im Nordseeküstenraum und im Gebirge über 600 m Höhe.

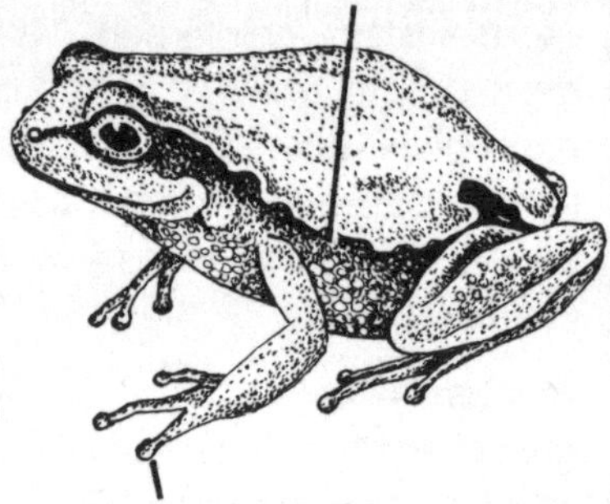

FAMILIE ECHTE FRÖSCHE

Grünfrösche:

Seefrosch, Kleiner Teichfrosch und **Wasserfrosch** werden häufig als Grünfrösche zusammengefaßt. Während der Kleine Teichfrosch und der Seefrosch als »echte« Arten bezeichnet werden, betrachtet man den Wasserfrosch als Bastard zwischen den beiden genannten Arten. Er kommt in der Regel mit einer der Elternarten gemeinsam vor. *Aussehen:* Oberseite grün bis braun, zum Teil schwarz gefleckt; dicht beieinander- und weit oben liegende Augen, Pupille waagerecht. Kein Schläfenfleck. Bei rufenden Männchen treten zu beiden Seiten des Kopfes

Schallblasen hervor. *Länge:* 9–15 cm. *Stimme:* Nur der Seefrosch ist eindeutig an seinem keckernden Ruf »brä-kä-kä-kä« zu erkennen. Alle drei Formen rufen sehr laut und sind fast den ganzen Sommer auch am Tage zu hören. *Vorkommen:* überall an größeren Gewässern, der Seefrosch vorwiegend im Flachland und in Flußtälern.

Wasserfrosch

Für den Anfänger sind die Grünfrösche kaum zu unterscheiden. Noch am ehesten ist der Seefrosch an seinem Ruf und aufgrund seiner Größe zu erkennen. Er ist der größte heimische Froschlurch. Für eine genauere Unterscheidung braucht ihr ein Bestimmungsbuch.

Braunfrösche:

Nicht viel leichter ist die Bestimung der letzten drei Arten: **Grasfrosch, Moorfrosch** und **Springfrosch**, die daher häufig als Braunfrösche zusammengefaßt werden. Typisch ist die braune Farbe und der dunkle Schläfenfleck zwischen Auge, Trommelfell und Oberarm. Bei rufenden Männchen sind keine äußeren Schallblasen sichtbar. Auch hier empfiehlt sich ein Bestimmungsbuch.

Grasfrosch

Aussehen: Bauch weißlich mit grauen oder rötlichen Flecken. Stumpfe Schnauze. *Länge:* bis 10 cm. *Stimme:* dumpfes Knurren. *Vorkommen:* überall.

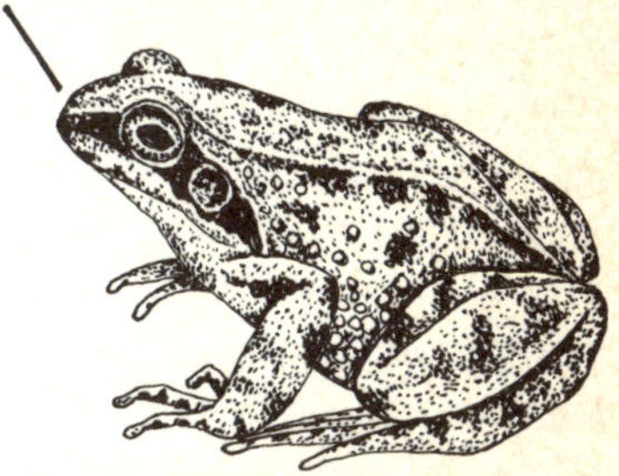

Moorfrosch

Aussehen: häufig mit hellem Rückenstreifen, Bauch meistens weißlich, **ohne** Fleckung. Spitze Schnauze. Männchen zur Paarungszeit häufig leuchtend blau. *Länge:* bis 7,5 cm. *Stimme:*

dumpfe, glucksende Laute »wu-eg-wueg-wueg«, als ob man eine leere Flasche unter Wasser hält. *Vorkommen:* vorwiegend im Flachland in Niedermooren oder Moorrandbereichen.

Springfrosch

Aussehen: Rücken häufig rötlichbraun, nur schwach gefleckt; Bauch meist weißlich, ohne Flecken. Spitze Schnauze, großes Trommelfell, sehr lange Hinterbeine. *Länge:* bis 8 cm. *Stimme:* meist unter Wasser rufend, in rascher Folge »og-og-og«. *Vorkommen:* vorwiegend in oder in der Nähe lichter Laubwälder im Flach- und Hügelland, im Norden selten.

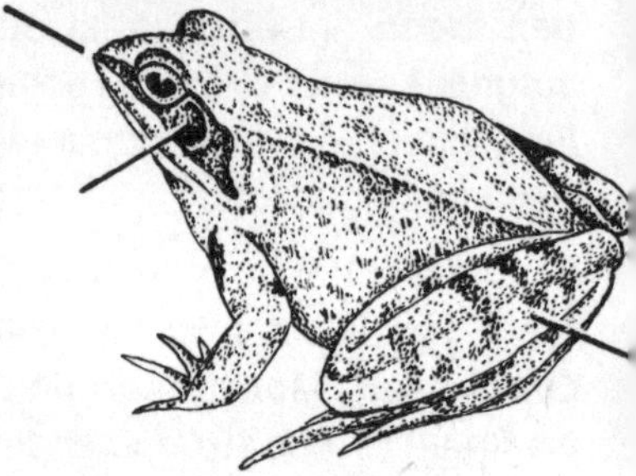

Was ihr sonst noch über Lurche wissen solltet

Lurcheier (Laich)

Findet ihr während oder nach der Paarungszeit die mit einer Gallertschicht umhüllten, allgemein als Laich bezeichneten Lurcheier, könnt ihr auch diese den einzelnen Lurchgruppen zuordnen. Dazu solltet ihr allerdings besser ein Bestimmungsbuch benutzen.

Molche wickeln ihre Eier mit den Hinterbeinen einzeln in die Blätter von Wasserpflanzen. *Unken* legen ihre Eier einzeln oder in kleinen Klumpen an Wasserpflanzen oder am Gewässergrund ab. Die Eischnüre der *Knoblauchkröte* sind kurz, dick und mehrreihig. *Kröten* verspannen ihre zum Teil meterlangen, zweireihig angeordneten Eischnüre an Wasserpflanzen. Frösche dagegen erzeugen kleine (Laubfrosch) bis sehr große Laichballen (Grasfrosch), die an Wasserpflanzen geheftet werden, zu Boden sinken oder an der Oberfläche schwimmen.

Lurchlarven

Schwieriger ist es, die aus den Eiern schlüpfenden Larven zu bestimmen. Zur Feststellung der Art muß man sie fangen und mit einer Lupe betrachten.

Die Larven der *Schwanzlurche* sind leicht an ihrem länglichen Körper, den über den Vorderbeinen sitzenden Kiemenbüscheln und den sich zuerst entwickelnden Vorderbeinen zu erkennen.

Bergmolchlarve

Die Larven der *Froschlurche,* Kaulquappen genannt, haben dagegen einen rundlichen Körper und nur in den ersten Tagen äußere Kiemenbüschel. Bei ihnen brechen zuerst die Hinterbeine durch. Die Erdkrötenkaulquappen könnt ihr eventuell an ihrem

Die Kaulquappen der Knoblauchkröte sind besonders groß

Schwarmverhalten, die Kaulquappen der Knoblauchkröte an ihrer gewaltigen Größe erkennen. Für die übrigen benötigt ihr ein Bestimmungsbuch.

Wo leben die Lurche?

Fragt jemand nach dem Lebensraum der Molche, Kröten und Frösche, denkt ihr natürlich an Teiche und Tümpel, denn dort kann man die Balz, Eiablage oder die heranwachsenden Larven beobachten. Doch Gewässer stellen für die meisten Arten nur einen Teillebensraum dar. Den Sommer und Winter verbringen sie an Land in Wiesen, Feldern, Hecken, Wäldern und Gärten. Nur die Grünfrösche, Bewohner größerer Gewässer, bleiben auch im Sommer am Ufer und überwintern im frostfreien Bodenschlamm. Im Gegensatz dazu ist der Alpensalamander unabhängig vom Wasser. Er bringt fertig entwickelte Jungtiere zur Welt.

Verschiedene Paarungszeiten und unterschiedliche Ansprüche an das Laichgewässer verhindern, daß alle Lurcharten zur gleichen Zeit am gleichen Ort eintreffen und sich gegenseitig Konkurrenz machen. Bevorzugt werden Weiher mit starkem Wasser- und Uferpflanzenbewuchs sowie Tümpel, die sich aufgrund der geringen Wassertiefe schnell erwärmen und die im Hochsommer gelegentlich austrocknen. Sie sind daher gewöhnlich frei von Fischen, die als arge Kaulquappenräuber gelten. Besonders die Bewohner ehemals unberührter Flußauen, wie zum Beispiel Gelbbauchunke, Geburtshelferkröte und Kreuzkröte, haben heute ihre ursprünglichen Lebensräume durch Begradigung und Eindeichung verloren. Für sie bieten Kies-, Sand- und Tongruben sowie Steinbrüche mit ihren Flachgewässern wertvolle Ersatzlebensräume.

Flachgewässer von Abbaugruben bilden wertvolle Ersatzbiotope

Gefährdung und Schutz

Erst vor einigen Jahren entdeckte man fast nebenbei, daß dort, wo in früherer Zeit in milden Frühlingsnächten zu Hunderten die Rufe von Kröten und Fröschen erschallten, heute nur noch selten ein Laut die Stille der Nacht unterbricht. Das Konzert der Froschlurche ist in vielen Gegenden verstummt. Vor einigen Jahrzehnten im Flachland noch häufige Arten, wie der Laubfrosch oder der Kammolch, werden heute nur noch gelegentlich gefunden. Den sogenannten »Froschregen«, wenn Jungfrösche und -kröten zu Tausenden das Wasser verlassen, kennen wir lediglich aus den Berichten Älterer.

Was geschah? In den letzten 30 Jahren veränderte sich unsere Landschaft stark. Wiesen und Weiden wurden zu Ackerland umgebrochen, Hecken abgeholzt, Weidetümpel oder andere Gewässer mit Wohlstandsmüll oder Bauschutt verfüllt, Feucht- und Überschwemmungswiesen entwässert, Bäche und Flüsse begradigt und Weiher zu Fisch- oder Angelteichen umgewandelt. Städte und Dörfer drangen mit Wohnsiedlungen und großflächigen Industrieanlagen weit in die Landschaft vor. Ein immer dichter werdendes Straßennetz durchschneidet heute früher noch unberührte Landschaften. Zusätzlich brachte man unzählige chemische Stoffe in Form von Bioziden und Düngemitteln in die Natur, die mittlerweile Boden und Wasser, aber auch Pflanze und Tier belasten. Und diese Entwicklung nimmt kein Ende. Da bleibt für Molche, Kröten, Frösche, aber auch für viele andere Tierarten kein Platz mehr. Der Verlust der Lebensräume ist also die Hauptursache des teilweise erschreckenden Rückganges der Lurche.

Noch in einer anderen Weise trat der Mensch als ärgster Feind der Lurche in Erscheinung. Sicher erinnert ihr euch noch an den garstigen Frosch im Märchen vom Froschkönig. Aber auch mit allerlei anderem Aberglauben um warzige Kröten, schleimige Frösche und giftige Salamander wurde bei vielen Mitmenschen eine Abneigung und Furcht hervorgerufen, die häufig genug zum sinnlosen Quälen und Töten dieser in Wirklichkeit so nützlichen und harmlosen Tiere geführt hat. Dies allerdings sollte heute der Vergangenheit angehören.

Rote Liste

Um ein Bild über den Rückgang und die Gefährdung von Tier- und Pflanzenarten zu gewinnen, wurden auf internationaler, nationaler und regionaler Ebene sogenannte »Rote Listen« aufgestellt. Verschiedene Einstufungen zeigen uns auf einen Blick, wie es zum Beispiel mit den Lurchen steht.

Mehr als die Hälfte, nämlich 11 der in der Bundesrepublik Deutschland heimischen 20 Lurcharten, finden wir in den Kategorien »gefährdet«, »stark gefährdet« und »vom Aussterben bedroht«.

Vom Aussterben bedroht	*Stark gefährdet*	*Gefährdet*
Rotbauchunke	Wechselkröte	Geburtshelferkröte
	Laubfrosch	Gelbbauchunke
	Moorfrosch	Kreuzkröte
	Springfrosch	Knoblauchkröte
		Seefrosch
		Kammolch

Gesetzlicher Schutz

Das Bundesnaturschutzgesetz in Verbindung mit der Bundesartenschutzverordnung besagt, daß alle Lurche unter Naturschutz stehen. Dies bedeutet unter anderem, daß es verboten ist, Lurche zu fangen, zu verletzen oder zu töten. Auch ihr Laich und ihre Larven dürfen nicht entnommen, beschädigt oder zerstört werden. Vom Aussterben bedrohte Arten, wie die Rotbauchunke, dürfen nicht einmal an ihren Aufenthaltsorten aufgesucht, fotografiert, gefilmt oder durch andere Handlungen gestört werden. Auch die Haltung von Lurchen im Terrarium sowie der Verkauf, beispielsweise in Zoohandlungen, ist nicht erlaubt.

Welche Folgen haben diese gesetzlichen Bestimmungen für eure praktische Naturschutzarbeit? Das sogenannte Tümpeln im Gewässer bedeutet immer eine empfindliche Störung der Lebensgemeinschaften. Wir bemühen uns daher bei unseren Streifzügen durch die Natur, so wenig Unruhe wie möglich zu verursachen. Wollt ihr im Rahmen von Kartierungsarbeiten Lurche, Laich oder ihre Larven zur Bestimmung fangen, dürft ihr das nur im Beisein einer verantwortlichen Person, die eine Ausnahmegenehmigung zum Fang besitzt. Das kann euer Biologielehrer, der Vertreter einer Naturschutzgruppe, eventuell einer eurer Eltern sein. Traut man euch genug Verantwortungsbewußtsein zu, könnt ihr von der Naturschutzbehörde vielleicht auch selbst für eure Kartierung eine Genehmigung erhalten. Selbstverständlich laßt ihr gefangene Tiere nach der Bestimmung wieder frei.

Wollt ihr die Entwicklung von Laich oder Kaulquappen sowie das Verhalten der Lurche im Aquarium oder Terrarium beobachten, bedarf es auch hierzu einer Ausnahmegenehmigung. Spätestens im September bringt ihr die Tiere wieder dorthin, wo ihr sie gefangen habt. Dann können sie sich noch rechtzeitig einen geeigneten Platz für die Überwinterung suchen. Die Überwinterung in Gefangenschaft ist nicht einfach und führt häufig zum Tod der Tiere. Das wollt ihr natürlich vermeiden.

Was aber nützt der beste Schutz der Tiere, wenn ihre Lebensräume nach wie vor vernichtet werden? Nur die Erhaltung und Wiederherstellung von Laichgewässern in Verbindung mit den Landlebensräumen werden die Lurche vor dem Aussterben bewahren können. Auch wenn das Naturschutzgesetz ausdrücklich die Erhaltung von Natur und Landschaft fordert, geschieht hier viel zu wenig. Eher ist das Gegenteil der Fall. Es gibt daher eine Menge für den einzelnen und damit auch für euch im Sinne des Natur- und Artenschutzes zu tun!

Motocross in der Sandgrube

Lurche beobachten und Gewässer kartieren

Mit dem Abtauen des Eises auf Teichen und Weihern erwacht nach langer Winterruhe wieder neues Leben in den Gewässern. Johannes und Florian verbringen nun fast jede freie Minute draußen in der Natur. Diesmal sind die Fischteiche am Waldrand Ziel ihres Streifzuges. Sie wollen feststellen, ob die Erdkröten, denen sie vor wenigen Tagen in einer Rettungsaktion über die Straße geholfen haben, schon ihr Laichgewässer erreicht haben.

Während nämlich einige Frosch- und Krötenarten in Kleingewässern laichen, bevorzugt die Erdkröte größere Teiche und Weiher, wie sie früher für Feuerlöschwasser oder Fische angelegt wurden. Voraussetzung sind allerdings Uferbereiche mit Röhrichtpflanzen, um die die Weibchen ihre langen Laichschnüre wickeln können.

Wie gebannt hocken sich die beiden Freunde ans Ufer und schauen dem lebhaften Treiben der sonst nachtaktiven Tiere an der ständig bewegten Wasseroberfläche zu. Mehrere hundert Paare können sie durch ihr Fernglas zählen. In ihrem Paarungsdrang versuchen die in großer Überzahl vorhandenen Männchen alles, was etwa Größe und Form eines Krötenweibchens besitzt, anzuspringen und zu klammern. Dabei verschonen sie nicht einmal die ebenfalls jetzt ablaichenden Grasfrösche, die sich heftig zur Wehr setzen. Ein Krötenmännchen versucht sogar, sich auf dem Rücken eines an der Wasseroberfläche schwimmenden Karpfens festzuklammern. Die Männchen der eigenen Art stoßen Abwehrrufe aus, um dem auf dem Rücken klammernden Männchen kundzutun, daß es sich bei der Partnerwahl geirrt hat. So ist die Luft erfüllt von einem metallischen, leise bellenden »oäck-oäck-oäck«. Die Weibchen haben besonders unter dem Überschuß der Männchen zu leiden. Gleich zu dritt oder viert versuchen diese das gleiche Weibchen zu erklettern und drücken es mit ihrer Last unter Wasser, so daß es zu ertrinken droht, bisweilen sogar wirklich ertrinkt.

Zwischen Schilfhalmen entdeckt Johannes auch die ersten Laichschnüre. Bis zu 7000 kleine schwarze Eier befinden sich in den 3–5 Meter langen Gallertschnüren. Die beiden Jungen können sich kaum vorstellen, daß dieses lange Band einmal Platz im Körper des Krötenweibchens gefunden hat. Doch bei der Ablage sind die Eier noch klein und liegen dicht beieinander. Erst im Wasser quillt die Gallerthülle auf.

Während die Elterntiere in wenigen Tagen das Wasser verlassen und in ihr Sommerquartier zurückkehren werden, schlüpfen aus den Eiern kleine strichförmige Larven, die nach 2–3 Monaten Kaulquappendasein und erfolgter Umwandlung als winzige Jungkröten in Scharen an Land strömen.

Die Lurchkartierung – Grundlage aller Hilfsmaßnahmen

Habt ihr euch mit den Lurcharten und ihrer Biologie vertraut gemacht, könnt ihr einen Schritt über das bloße Beobachten hinausgehen. Versucht, alle Gewässer in eurer Umgebung auf ihren Zustand zu kontrollieren und gleichzeitig festzustellen, welche Lurcharten in ihnen vorkommen. Eine derartige Kartierung kann zur wertvollen Grundlage für die Naturschutzbehörden bei der Ausweisung von Schutzgebieten oder der Verfolgung verbotener Verfüllungen oder Umwandlungen zu Fischteichen sowie anderer Schutzbemühungen sein. Für die Kartierung stellt ihr euch ein Programm auf:

● In der Buchhandlung besorgt ihr euch eine Landkarte im Maßstab 1:25000 (Meßtischblatt), in die alle größeren Gewässer eingezeichnet sind. Mit einem Stift umgrenzt ihr euer Untersuchungsgebiet (z. B. Gemeindegrenze) und verseht alle Gewässer mit einer fortlaufenden Nummer. Ihr könnt bereits im Winter kontrollieren, ob noch alle Gewässer vorhanden sind. Verfüllte Tümpel und Weiher werden gestrichen, kleine Wasserstellen und neuangelegte Teiche, die nicht in der Karte zu finden sind, werden nachgetragen und numeriert.

- Ihr fertigt einen Kartierbogen an, den ihr in genügender Zahl kopiert. Auf diesem sollten der Fundort, Nummer, Angaben zum Gewässer, beobachtete Lurcharten und Datum sowie weitere euch wichtig erscheinende Feststellungen vermerkt werden können. Besitzt ihr eine Kamera, laßt ihr für ein später einzuklebendes Foto Platz, das als Dokument von Bedeutung sein kann.
- Das Kartierungsprogramm sollt ihr mit der Naturschutzbehörde des Landkreises/Landratsamtes absprechen. Da der Fang von Lurchen gesetzlich verboten ist, ihr die Tiere aber zur Bestimmung aufnehmen müßt, benötigt ihr eine Ausnahmegenehmigung. Seid ihr Mitglied in einem Naturschutzverein, kann der Gruppenleiter oder eventuell auch euer Biologielehrer diesen Punkt erledigen. Vielleicht stellt euch die Naturschutzbehörde sogar die notwendigen Landkarten zur Verfügung.
- Ihr stellt einen Zeitplan auf, wann ihr am günstigsten die verschiedenen Lurche beobachten oder hören könnt, um eine richtige Bestimmung vorzunehmen (Rufe, Paarung, Laich, Larven, umgewandelte Jungtiere).
- Spätestens Anfang März solltet ihr alles erledigt haben. Nun stellt ihr die Exkursionsausrüstung zusammen.

  Zum eigenen Schutz: Gummistiefel, Regenschutz, gegebenenfalls die Bescheinigung der Naturschutzbehörde. *Zur Beobachtung:* Fernglas, Taschenlampe, Reservebatterien. *Zur Bestimmung:* Kescher, flache Plastikschalen (für Larven), Lupe, Bestimmungsbuch. Habt ihr die Stimmen der Lurche auf einem Kassettengerät aufgenommen, könnt ihr rufende Tiere bereits im Gelände vergleichen oder Tiere mit dem Abspielen der Stimmen zum Rufen anregen. *Zur Dokumentation:* Landkarte, Kartierbogen oder Notizbuch, eventuell Kamera.
- Habt ihr die Kartierung abgeschlossen, stellt ihr eure Unterlagen der Naturschutzbehörde zur Verfügung. Für eure eigene Arbeit solltet ihr ein Zweitexemplar der Karte und Kartierbögen (Original oder Kopie) behalten.

△ Der selten gewordene Laubfrosch erklettert gern Gehölze

▽ Der Moorfrosch bewohnt vorwiegend Feuchtgebiete des Tieflandes

△ Der Teich- oder Wasserfrosch bewohnt Gewässer,
▽ der Grasfrosch sucht nur zum Laichen Wasser auf

△ „Doppeldecker" auf der Straße – Erdkrötenpaarung

▽ Die Knoblauchkröte führt ein verborgenes Nachtleben

△ Die Gelbbauchunke laicht in kleinsten Gewässern

▽ Feuersalamander sieht man tagsüber nur bei Regen

△ Unterhalb der Straße entsteht ein Krötenzaun

▽ Plastik oder Maschendraht eignen sich für Krötenzäune

△ Naturnahes Amphibien-Gewässer

▽ Hier wurde ein Laichplatz durch Verfüllen zerstört

Oben: April 1979, unten: Juni 1980 (Sanierung in Ruschwedel)

Nächste Seite: Hier entsteht ein Biotop für Gelbbauchunken

Gewässer entrümpeln

Bei ihren vielen Streifzügen durch die Natur mußten Johannes und Florian immer wieder feststellen, daß gedankenlose Mitmenschen besonders die kleinen Tümpel und Weiher benutzten, um ihren Hausmüll loszuwerden. Meistens fanden sie Nachahmer, und innerhalb kürzester Zeit verwandelte sich ein wertvoller Lurchlebensraum in eine häßliche Müllkippe. Verrostete Kühlschränke, Stacheldraht, ausgediente Autositze und Konservendosen lagen dort, wo noch vor wenigen Wochen Uferpflanzen wie Rohrkolben und Froschlöffel standen. Ein schmieriger Öl- und Schmutzfilm überzog die Wasseroberfläche. Was konnte man dagegen tun? Die Schilder »Schutt abladen verboten« hatten jedenfalls nichts genützt.

Die beiden Freunde besprachen das Problem im Biologieunterricht mit der Klasse und dem Lehrer, und man entschloß sich, das bedeutende Laichgewässer wieder vom Müll zu befreien. Noch am gleichen Tag entwarfen die Schüler einen Brief, in dem sie die Dorfbewohner auf die Bedeutung dieses Lurchtümpels aufmerksam machten und um Hilfe bei der Säuberung baten. Auch die zuständige Naturschutzbehörde, der Naturschutzbeauftragte und der Bürgermeister wurden angeschrieben. Denn eines war klar: Allein konnten die Jugendlichen den Dreck der Erwachsenen nicht wegschaffen. Die Briefaktion hatte Erfolg. An einem Samstag kamen neben den Schülern viele Väter, Vogelschützer und einige Landwirte mit Treckern zusammen. Eine Transportfirma stellte Müllcontainer auf, ein Bagger half, die großen sperrigen Gegenstände aus dem Wasser zu hieven. Die anfallenden Kosten für die Säuberungsaktion wollte der Landkreis zahlen. Im gemeinsamen Einsatz leisteten die freiwilligen Helfer, Jugendliche und Erwachsene, etwa 185 Arbeitsstunden. Zehn große Container wurden mit Müll gefüllt! Hat sich die Mühe gelohnt? Bestimmt! Die Öffentlichkeit war aufmerksam geworden. Wohl keiner der Dorfbewohner würde mehr seinen Müll in

Vor Ort bespricht die Klasse den Einsatzplan

dem gereinigten Gewässer abladen. Sicherheitshalber wollte man aber die Zufahrt mit großen Findlingen blockieren und mit einer Tafel auf den erhaltenswürdigen Lurchlebensraum hinweisen.

Die Klasse verbrachte inzwischen zahlreiche Biologiestunden am Tümpel, um aus der Beobachtung der dort lebenden Tiere und Pflanzen und ihrer Umwelt etwas über die Zusammenhänge in der Natur zu lernen. Als Johannes und Florian im folgenden Frühjahr wieder an ihrem Tümpel saßen, konnten sie mit Freude feststellen, daß kaum noch etwas von der letztjährigen Verwüstung zu sehen war. Rohrkolben und Froschlöffel wuchsen bereits wieder, Berg-, Teich- und Kammolch sowie Grasfrosch und Erdkröte hatten sich zur Paarung am Gewässer eingefunden.

Die Entrümpelungsaktion sprach sich herum. Mit Stolz hatten die Schüler auch die Berichte über ihren Einsatz in der Lokalzeitung gelesen. Die Folge davon war, daß sich auch in den Nachbardörfern Schulklassen mit Vogelschützern, Jägern und anderen Gruppen zusammengetan hatten, um ihre dorfnahen Tümpel und Weiher von Gerümpel und Müll zu befreien.

Klasse 3 Wiegersen, den 12.5.80

Grundschule Wiegersen

Liebe Gerlinde!

Lieber Herr Kammann!

Unsere Klasse spricht im Sachunterricht über das Thema Naturschutz.

Aus diesem Grund machten wir einen Unterrichtsgang zur Sandkuhle im Wiegerser Wald. Hier gibt es viele kleine Tümpel. In den Tümpeln leben und laichen Frösche, Kröten und Molche.

Als wir dort ankamen, waren wir erschrocken, wie es dort aussah. Auf dem Wasser der Tümpel hat sich ein Ölteppich ausgebreitet. Die Erwachsenen haben in die Tümpel und um die Tümpel herum Sperrmüll geworfen. Die Tiere werden hier nicht mehr lange leben können.

Aber wir möchten nicht, daß sie hier aussterben. Wir wollen in der Sandkuhle aufräumen, sind aber leider nicht stark genug, das allein zu schaffen.

Darum bitten wir alle, uns zu helfen, den Lebensraum für die Tiere wieder herzustellen.

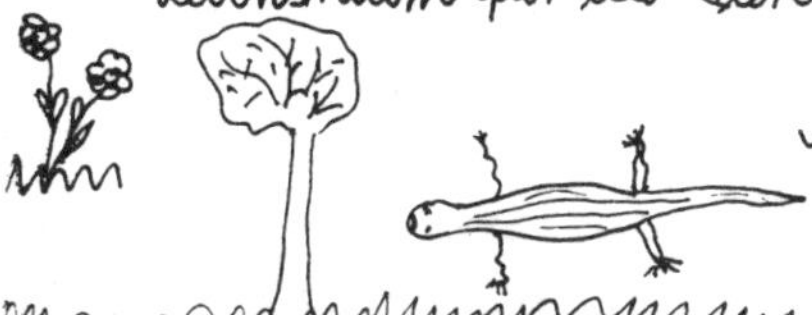

Mit freundlichen Grüßen
Klasse 3

h. w.

Dieser Brief der Klasse 3 löste viel aus

Tümpel gesäubert: Neues Leben für bedrohte Tiere

Apensen/Wiegersen (bb). Genau zehn große Container Sperrmüll fischten die freiwilligen Helfer zusammen mit der Wiegerser Grundschule 3 aus den total verdreckten Tümpeln am Viertelsberg. Jetzt bieten die gesäuberten Wasserlöcher Molchen, Kröten und Fröschen wieder einen idealen Lebensraum. Die Schüler der dritten Klasse hatten vor wenigen Wochen, empört über die wilde Mülldeponie in der Natur, eine Säuberungsaktion gestartet, an der sich dann nicht nur Naturschützer, sondern auch Nachbarn und Eltern, engagiert beteiligten.

Etwa 185 Arbeitsstunden leisteten die freiwilligen Helfer an mehreren Wochenenden am Viertelsberg. Gemeinsam zogen sie verrostete Kühlschränke, gefährlichen Stacheldraht, gefüllte Teerfässer und drekkige Plastikplanen aus dem Wasser, in dem sonst Molche und Kröten laichen und noch seltene Käfer zu beobachten sind.

Besonders bedanken sich die Kinder bei den Landwirten, die mit ihren Treckern die Aufräumarbeiten unterstützen und der Transportfirma Sander und Joachim Bösch, die ihre Räum-Maschinen zur Verfügung stellten.

Die Kosten für die Säuberungs-Aktion übernimmt der Landkreis Stade, unter dessen Schutz jetzt auch die Sandkuhle am Wiegerser Viertelsberg steht. Mit großen Findlingen und Bäumen wurden die Zufahrten abgesperrt, so daß keine Fahrzeuge mehr die Idylle stören können.

Inzwischen sind die Tümpel auch mit Sand befestigt. Nun hoffen die Kinder, daß sich die Natur selbst hilft und das die alte Sandkuhle mit ihren Tümpeln, Tieren und Pflanzen ein neues Leben beginnt, über das sich dann alle – Kinder und Erwachsene – freuen können. Hinweistafeln, die noch aufgestellt werden sollen, runden dann die Wiegerser Aktion zum Schutze der Umwelt ab.

Das STADER TAGEBLATT konnte schließlich den verdienten Erfolg der Wiegerser Aktion melden

Aktionsplan

Stellt ihr bei euren Beobachtungsgängen oder Kartierungsarbeiten verbotene Müllablagerungen fest, solltet ihr alles daransetzen, das Gewässer vor einer vollständigen Verfüllung zu retten. Stellt euch einen Plan auf, nach dem ihr Schritt für Schritt vorgeht:

- Habt ihr eine Kamera dabei, fotografiert ihr das Gewässer mit dem Müll. Auf jeden Fall notiert ihr euch in Stichworten eure Beobachtungen und das Datum. Vorteilhaft ist es, wenn ihr das Gewässer von früheren Exkursionen kennt, Fotos vor der Verfüllung besitzt und wißt, welche Lurche und anderen Tierarten hier lebten. Manchmal findet man zwischen dem Müll auf Zeitungen, Briefen oder Kartons Adressen, die einen Hinweis auf den oder die Umweltfrevler geben.
- Nach Rücksprache mit Eltern oder Biologielehrer wendet ihr

euch an den Besitzer, sofern ihr ihn wißt, oder den Bürgermeister und bittet um Beseitigung des Mülls. Gleichzeitig bietet ihr eure Hilfe bei der Beseitigung an. Besonders ist darauf zu achten, daß der Müll nicht einfach mit Erde überdeckt oder das Gewässer nun vollständig verfüllt wird.

- Läßt sich der Besitzer oder Verursacher nicht ermitteln, oder haben mehrere Einwohner ihren Dreck abgeladen, schreibt ihr einen Aufruf an alle Dorfbewohner, euch bei einer Entrümpelungsaktion zu helfen. Diesen Brief, in dem ihr auf die Bedeutung des Gewässers für Pflanzen und Tiere aufmerksam macht und darauf hinweist, daß das Abladen von Müll in der Landschaft verboten ist, vervielfältigt ihr und werft ihn in jeden Briefkasten im Dorf.
- Ihr informiert die zuständige Naturschutzbehörde und den Naturschutzbeauftragten über die verbotene Müllablagerung und eure Säuberungsaktion und bittet um Unterstützung. Auch örtliche Naturschutzvereine helfen sicher mit Rat und Tat.
- Zeitpunkt der Entrümpelung: Sind Chemikalien ins Wasser gelangt, muß sofort etwas unternommen werden. Ansonsten eignen sich am besten die Monate Oktober bis Februar. Lurche und ihre Larven haben zu dieser Zeit in der Regel das Wasser verlassen.
- Habt ihr einen Tag festgelegt, am besten einen Samstag, benötigt ihr folgende Gerätschaften: Müllcontainer (Landkreis/Transportfirmen), Schlepper, Räumfahrzeuge oder Bagger bei größeren Gegenständen wie Autos und Kühlschränken (Landwirte/Bauunternehmer), Seile zum Herausziehen, Schubkarren, Gummistiefel, alte Kleidung – und gute Verpflegung samt Getränken.
- Ihr solltet nicht vergessen, die Lokalpresse zu informieren. Berichte in der Zeitung verstärken nicht nur den eigenen Antrieb, sondern können auch eine positive Signalwirkung für weitere Aktivitäten zum Schutz der Lurche haben.

- Ist die Entrümpelung erfolgreich abgeschlossen, sollten Zufahrtswege für Fahrzeuge, mit denen neuer Müll herangefahren werden könnte, mit Bäumen oder Sträuchern, großen Feldsteinen oder einem festen Holzbalken (Schranke) versperrt werden.
- Beobachtet auch in der folgenden Zeit die Entwicklung des gesäuberten Gewässers, verfaßt eventuell einen kleinen Bericht und verteilt diesen an alle Beteiligten zum Dank für ihre Mitarbeit.

Ein neues Lurchgewässer entsteht

Johannes und Florian kannten sich inzwischen in der Umgebung ihres Heimatdorfes recht gut aus. Sie hatten gelernt, sich anhand der Landkarte im Gelände zu orientieren. Doch immer wieder machte es Schwierigkeiten, die auf der Karte blau eingedruckten kleineren Gewässer zu finden. Woran lag das? Es gab sie einfach nicht mehr. Weil ein Bauer sein Vieh abgeschafft und die Weide zu Ackerland umgebrochen hatte, weil ein anderer nicht wußte, wo er mit den Resten seiner abgebrochenen Scheune bleiben sollte, oder weil dort die vielen kleinen Steine vom Kartoffelsammeln abgeladen wurden. Viele Gründe hatten in der Vergangenheit zur Verfüllung zahlreicher kleiner Tümpel geführt. Und die größeren Weiher? Die hatte man vertieft, die Ufer begradigt und mit Holzspundwänden befestigt. An den Ringen auf der Wasseroberfläche konnte man erkennen, daß inzwischen eingesetzte Karpfen, Schleien oder Regenbogenforellen die Lurche verdrängt hatten.

Johannes lieh sich in der Schule eine alte Karte von 1950 aus. 60 Gewässer konnte er auf ihr zählen, gefunden hatten sie noch 34 und davon waren 20 Weiher in Fischteiche umgewandelt oder zumindest mit Fischen besetzt. Kein Wunder, daß sie bei ihren abendlichen Kontrollgängen kaum noch Laubfrösche gehört hatten. Wenn Johannes dem Bauern Schulze Glauben schenken sollte, dann veranstalteten die Laubfrösche noch vor 20 Jahren so lautstarke Konzerte, daß man zeitweise nachts die Fenster schließen mußte. Ob es nicht möglich wäre, für diese ansprechende und so selten gewordene Froschart wieder neue Lebensräume zu schaffen? Weil die beiden Freunde selbst noch zu wenig Erfahrung hatten, setzten sie sich mit dem Naturschutzverein in der größeren Nachbargemeinde in Verbindung und besprachen ihr Vorhaben. Dort hatte man bereits mehrfach neue Tümpel angelegt, Flächen dafür angekauft oder gepachtet und konnte daher manchen guten Ratschlag geben. Gemeinsam stellten sie einen Plan auf.

Aktionsplan

● Sucht einen geeigneten Standort für die Anlage eines Kleingewässers. Von euren Kartierungen in der Umgebung wißt ihr, wo noch vorhandene Laichgewässer liegen und wie sie aussehen. Das neue Gewässer sollte nicht isoliert in der Landschaft, sondern im Bereich der vorhandenen Weiher angelegt werden. Da Lurche auf der Suche nach neuen Lebensräumen in der Regel nicht mehr als 2–3 km wandern, darf der Abstand zum nächsten Gewässer auch nicht größer sein, um eine natürliche Besiedlung zu ermöglichen. Eine Landschaft mit Hecken oder strauchbestandenen Feldrainen eignet sich besonders gut, da diese für Lurche die Verbindungswege zwischen den Gewässern darstellen. Die Fläche sollte möglichst abseits von Verkehrsstraßen und intensiv genutzten Äckern liegen. Die wenigsten Probleme gibt es bei Brachflächen oder kaum genutzten Wiesen und Weiden. *Auf keinen Fall darf euer Vorhaben dazu führen, daß für andere Tier- und Pflanzenarten wertvolle Lebensräume zerstört werden!* Dieses ist vorher durch eine Bestandsaufnahme zu prüfen. *Auch Fließgewässer sollten grundsätzlich nicht angestaut werden.*

● Habt ihr einen geeigneten Standort gefunden, erkundigt ihr euch nach dem Besitzer. Ihr erfahrt ihn beim Ortsbürgermeister, der Gemeindeverwaltung oder dem Katasteramt (Landkreis/ Landratsamt).

● Informiert die zuständige Naturschutzbehörde. Hier fragt ihr auch, ob eventuell Gelder zum Ankauf zur Verfügung stehen.

● Kennt ihr den Eigentümer inzwischen, könnt ihr in Erfahrung bringen, ob er mit der Anlage eines Weihers einverstanden ist oder die Fläche an den Naturschutzverein verpachten oder verkaufen würde. Vielleicht tritt auch die Gemeinde oder der Landkreis als Käufer auf.

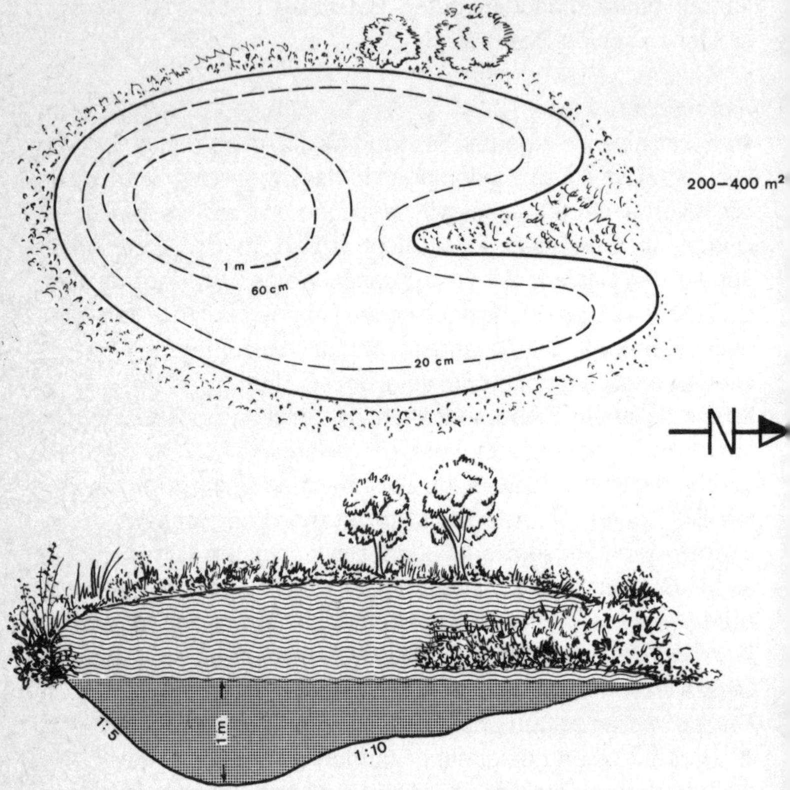

Plan für die Neuanlage eines Laichgewässers für Lurche. Oben: Aufsicht. Unten: Querschnitt des Gewässers

● Ihr plant die Gestaltung des Weihers: Verschiedene Lurcharten bevorzugen unterschiedliche Gewässergrößen. Wasserfrösche und Erdkröten sind eher in großen Weihern und Teichen von 500–2000 m^2, Molche und Gelbbauchunken dagegen in Wagenspuren oder Pfützen von nur 1–2 m^2 zu finden. Ist das Gelände groß genug, empfiehlt es sich, verschieden große Tümpel und Weiher anzulegen. Für den Laubfrosch und die meisten anderen Lurche gelten 200–400 m^2 als gutes Mittelmaß.

Ebenso wie mit der Größe verhält es sich mit der Tiefe. Kreuzkröte, Gelbbauchunke und Wechselkröte laichen in Flachgewässern von 15–20 cm Tiefe ab, die Erdkröte bevorzugt tieferes Wasser. Eines ist allen Lurchen gemeinsam: die Ei- und Larvenentwicklung hängt von der Wassertemperatur ab. Je schneller sich das Wasser erwärmt, um so eher findet die Umwandlung zu Landbewohnern statt. Das Gewässer wird also an den sonnenbeschienenen Ufern (NO, N , NW) möglichst flach gestaltet, zum südlichen Teil laßt ihr es tiefer werden. Eine Wassertiefe von 1 m auf wenigen Quadratmetern reicht normalerweise aus, um den Weiher und damit seine Bewohner vor Austrocknung und Frost zu schützen. Um die für Lurche so wichtige Flachwasserzone zu vergrößern, wird die Uferlinie durch ein System von Buchten und Halbinseln verlängert. Der Neigungswinkel im Uferbereich sollte, je nach Größe des Gewässers, 5–15 Grad betragen. Dies entspricht einem Verhältnis von 10:1 bis 4:1 (das heißt auf einer Länge von 4 m bzw. 10 m erreicht man eine Wassertiefe von 1 m). Stellenweise könnt ihr auch eine steilere Böschung vorsehen.

● In feuchtem Grünland sollte das Aushubmaterial grundsätzlich aus der Fläche geschafft und nicht etwa zum Verfüllen kleiner Geländesenken benutzt werden. Dort, wo Wallhecken typisch für die Landschaft sind, kann der Erdaushub zur Aufschüttung eines kleines Walles an den Grundstücksgrenzen verwendet werden. Nur auf trockenem und von Natur aus welligem Gelände darf das

Material zu einer kleinen Böschung im Norden des Weihers aufgeschoben werden. Bepflanzt ihr diese mit dort vorkommenden Sträuchern, beispielsweise Brombeeren für den Laubfrosch, so locken diese der Sonne ausgesetzten Bereiche viele Insekten an, ein reich gedeckter Tisch für die Lurche.

- Die ganze Anlage stellt ihr zeichnerisch in einem Plan mit Übersichten und Einzelheiten dar.
- Kümmert euch gegebenenfalls um die Finanzierung: Von Hand geschaffene Gewässer sind natürlich kostenlos, für größere benötigt ihr Baumaschinen, deren Einsatz recht teuer ist. Ihr braucht also einen Geldgeber, denn aus eigener Tasche könnt ihr euer Vorhaben nicht bezahlen. Naturschutzbehörden verwalten in der Regel einen Etat für die Schaffung von Feuchtgebieten. Unter Vorlage eures Planes fragt ihr dort, bei der Gemeinde oder einem Naturschutzverein nach einer entsprechenden Finanzierung. Sprecht auch ortsansässige Bauunternehmer an. Vielleicht stellen sie ihre Baumaschinen verbilligt oder kostenlos zur Verfügung. Eine weitere Möglichkeit besteht darin, in der Zeitung über das Projekt zu berichten und um Spendengelder zu bitten.
- Zeitpunkt der Baumaßnahme: Nach der Vegetationsperiode von Oktober bis Ende Januar. An feuchteren Stellen können Baumaschinen manchmal nur bei gefrorenem Boden arbeiten. Ist das Gewässer Ende Januar fertig, kann es bereits nach Beendigung des Winters von den ersten Pionieren besiedelt werden.
- Durchführung der Baumaßnahme: In Kies- und Tongruben können Kleinstgewässer bis zu 10 m^2 und flache Pfützen in Handarbeit mit Schaufel und Spaten geschaffen werden. Für größere Gewässer ist aufgrund des vielen anfallenden Erdmaterials der Einsatz von Löffel- oder Schürfkübelbaggern, Greifern oder Planierraupen notwendig. Während der Baumaßnahme sollte jemand Aufsicht führen, um besonders bei der Endgestaltung genauere Anweisungen geben zu können. Denn nicht der

Plan, sondern die Geländebeschaffenheit bestimmt letztendlich das Aussehen des Gewässers. Die letzten Feinarbeiten erledigt man mit Schaufel und Spaten.

Wird das Aushubmaterial abtransportiert, muß ein Lastwagen zur Verfügung stehen, häufig der größte Kostenfaktor bei der Anlage.

● Verzichtet auf eine Bepflanzung des neuen Gewässers, da sich innerhalb kürzester Zeit Sumpf- und Wasserpflanzen sowie Ufergehölze von allein einstellen. Nur in Ausnahmefällen sollte hiervon abgewichen werden. *Vollkommen unbiologisch ist es, alle schönen oder gar seltenen Pflanzen anzusiedeln. Die Natur ist kein botanischer Garten!* Nach etwa zwei Jahren wird man kaum noch feststellen können, daß es sich um ein künstliches Gewässer handelt.

● Kleinsttiere und Wasserinsekten, wie Gelbrandkäfer, Rückenschwimmer, Wasserläufer oder Libellen, lassen sich schon nach wenigen Wochen beobachten. Bei richtiger Standortwahl und Anlage können bereits im ersten Jahr, spätestens aber nach zwei bis drei Jahren alle Lurcharten, deren Ansprüche im Weiher erfüllt werden, eingewandert sein. Versucht ihr Lurche, ihre Eier oder Larven anzusiedeln, werden viele dieser Tiere wieder verschwinden oder zugrunde gehen. Abgesehen davon, daß der Fang von Lurchen aus anderen Gewässern verboten ist, wollt ihr sicher nicht zum weiteren, unnötigen Verbrauch von gefährdeten Tierarten beitragen. *Übt euch also in Geduld, denn die Natur ist auch kein zoologischer Garten!*

Nur in Ausnahmefällen wird man eine Lurchart, die früher im Gebiet vorkam, deren nächstes Laichgewässer aber mehr als drei Kilometer entfernt liegt, umsiedeln dürfen. Hierzu braucht ihr die Genehmigung der Naturschutzbehörde.

● Es dürfen **keine Fische** eingesetzt werden, da diese, auch die sogenannten Friedfische, große Laich- und Larvenräuber sind.

● Trampelpfade und Wege zum Gewässer sollten vermieden

werden, damit sich die Pflanzen- und Tierwelt ungestört entwikkeln kann. Durch Anpflanzung von Brombeeren oder anderen heimischen Sträuchern im Randbereich der Fläche könnt ihr viele Neugierige fernhalten.

- In den folgenden Jahren achtet ihr darauf, daß das Gewässer nicht durch allzu starkes Pflanzenwachstum beschattet wird. Grundsätzlich solltet ihr jedoch so wenig wie möglich in die Entwicklung des Weihers eingreifen.
- Beobachtet und notiert die natürliche Ansiedlung von Pflanzen und Tieren! Ihr werdet euch wundern; an jedem Beobachtungstag könnt ihr etwas Neues entdecken.

Nach diesem Aktionsplan gingen auch Johannes und Florian zusammen mit den Mitgliedern des Naturschutzvereins vor. Im Februar des nächsten Jahres war es endlich soweit. Eine Planierraupe schob den neuen Laubfroschweiher aus.

Bereits im Mai beobachteten die beiden die ersten aus der Umgebung zugewanderten Laubfrösche an dem noch pflanzenlosen Gewässer! Noch größer war ihre Freude, als sie im Juli die goldoliv schimmernden Kaulquappen des Laubfrosches entdeckten. Es hatte geklappt! Die erfolgreiche und eigenständige Ansiedlung des Laubfrosches zeigte ihnen, daß Planung und Ausführung ihres Weihers stimmten.

Einen Krötenzaun bauen

Kaum hatten Johannes, Florian und ihre Freunde vom Naturschutzverein, in dem sie längst selbst Mitglied geworden waren, ihre Arbeiten am Laubfroschweiher beendet, kam das Gespräch auf die im März alljährlich bevorstehende Krötenwanderung. Johannes erinnerte sich an sein Erlebnis mit den überfahrenen Kröten im letzten Jahr und die Rettungsaktion mit seiner Klasse. Auch dieses Jahr wollten sie wieder einen Krötenzaun aufbauen, doch diesmal sollte alles noch besser geplant werden. Inzwischen wußte er, warum die Erdkröten jedes Jahr an der gleichen

Stelle, nahezu zur gleichen Zeit die Straße überquerten und dabei überfahren wurden.

Ein angeborener Instinkt veranlaßt die Erdkröten, bereits im Herbst aus ihren Sommerquartieren in Feldern, Wiesen, Wäldern und Gärten aufzubrechen und in Richtung auf ihr angestammtes Laichgewässer, in dem sie selbst einmal ein Kaulquappendasein geführt haben, zu wandern. Der Winter zwingt die wechselwarmen Kröten zu einer Pause. Unter Laub, moderndem Holz oder Moos verkriechen sie sich zur Winterruhe, um dann in den ersten warmen Märztagen mit abendlichen Temperaturen über 5° C wie auf Kommando ihre Wanderung fortzusetzen. Dicht vor dem Ziel vereinen sie sich zu gewaltigen Massenansammlungen. So manches Erdkrötenmännchen findet bereits während der Wanderung eine Partnerin, klettert auf ihren Rücken und klammert sich mit den Vorderbeinen so fest in die Achselgegend des Weibchens, daß dieses den Griff nicht mehr lösen kann. So schleppt sie als sogenannter »Doppeldecker« das Männchen zum Fortpflanzungsort.

Wie sich Erdkröten bei ihrer Wanderung orientieren, konnte bis heute nicht eindeutig geklärt werden. Ihre Ortstreue zum Laichgewässer reicht allerdings so weit, daß sie ihre Geburtsstätte auch dann noch aufsuchen, wenn diese längst verfüllt ist. Die Natur hat ihren guten Grund für diese, uns Menschen unsinnig erscheinende Ortstreue. Da Erdkröten nur leise rufen, können sich die Partner nicht wie bei Laubfrosch oder Kreuzkröte auf große Entfernung herbeilocken. Statt dessen erscheinen sie wie verabredet zur gleichen Zeit am gleichen Laichgewässer und können sich dadurch erfolgreich fortpflanzen. Auch verkehrsreiche Straßen halten die im März bis Anfang April innerhalb von ein bis zwei Wochen erfolgende Wanderung der Erdkröten nicht auf. Unbeirrbar setzen sie ihren Weg über die Straße fort. Da sie sich in den kalten Frühlingsnächten nur langsam fortbewegen, werden sie unweigerlich ein Opfer der über sie hinwegbrausenden

Autos. Bereits zehn Autos je Stunde reichen, um ein Drittel des die Straße kreuzenden Krötenbestandes zu vernichten! Verlassen die Tiere nach dem Ableichen das Wasser, droht ihnen auf der Rückwanderung in das Sommerquartier noch einmal die gleiche Gefahr. Nicht anders ergeht es den Jungkröten, wenn sie nach der Umwandlung zum Landleben aus dem Gewässer steigen.

Inzwischen wurden eine Reihe von Hilfsmaßnahmen eingeleitet, die das Massensterben der Erdkröten und anderer Lurche wirksam einschränken können. An vielen Straßenabschnitten, die von Lurchen gekreuzt werden, haben Naturschutzvereine und Jugendgruppen, teilweise mit Unterstützung von Forstdienststellen, Straßenmeistereien und Naturschutzbehörden sogenannte »Krötenfangzäune« aufgestellt. Ein knapp halbmeterhoher Zaun aus feinem Maschendraht, parallel zur Straße aufgestellt, unterbricht die Marschrichtung der Erdkröten. Diese weichen auf der Suche nach einem Durchschlupf entlang des Zaunes nach links oder rechts aus und fallen dabei in einen der am Zaun eingegrabenen Plastikeimer. Doch dann beginnt erst die eigentliche Arbeit. Allmorgendlich, zusätzlich möglichst auch noch abends, müssen die Eimer, in denen sich im Laufe einer Nacht zahlreiche Kröten fangen können, über die Straße getragen und auf der anderen Seite entleert werden. Da das Problem der Zerschneidung des Lebensraumes bestehen bleibt, und zudem Jahr für Jahr ein erheblicher Arbeitsaufwand zu leisten ist, stellen Krötenfangzäune auf Dauer keine befriedigende Lösung dar. Bis dauerhafte Lösungen geplant und verwirklicht worden sind, kann man auf die Hilfe bereitwilliger Jugendlicher und Naturschutzverbände aber nicht verzichten.

Ersatzlaichgewässer, auf der gleichen Straßenseite angelegt, auf der sich auch der Sommer-/Winterlebensraum befindet, können auf Dauer wirksamer Abhilfe schaffen. Aufgrund der Ortstreue der Erdkröten wird man allerdings noch einige Jahre die wandernden Tiere an der Straße abfangen und an den neuen Laichplatz umsiedeln müssen.

Sogenannte »Krötentunnel«, Durchlässe unter der Straße, können bei richtiger Ausführung ebenfalls eine langfristige Lösung darstellen.

Straßensperrungen während einiger weniger Frühjahrsnächte verhindern zwar ein größeres Massaker, erfordern aber eine ständige Kontrolle der Wanderaktivität der Lurche und lassen sich meistens nur auf verkehrsarmen Strecken durchführen.

Hinweisschilder, eventuell in Verbindung mit einer Geschwindigkeitsbegrenzung, vermögen lediglich, die Öffentlichkeit auf das Problem der Krötenwanderung aufmerksam zu machen. Ein wirksamer Schutz für die Tiere ist dadurch nicht zu erzielen. Dennoch sollten sie dort, wo Helfer Kröten von der Straße absammeln oder Fangzäune betreuen, zu deren Schutz aufgestellt werden.

Da für euch kurzfristig nur der Krötenzaun oder die Straßensperrung in Frage kommt, letztere wegen nicht vorhandener Umleitungen meistens von den Verkehrsbehörden abgelehnt wird, bereitet ihr euch möglichst rechtzeitig auf die Fangzaunaktion vor. Aufgrund vieler Termine, Besprechungen und Besorgungen erscheint es ratsam, sich auch hierfür einen Plan aufzustellen.

Aktionsplan

- Um alles rechtzeitig zu schaffen, beginnt ihr bereits im Herbst oder Winter mit der Planung.
- Von den letztjährigen Beobachtungen oder aufgrund von Befragungen von Anwohnern wißt ihr, an welchen Straßen Kröten wandern und wo die gefahrvollen Abschnitte beginnen bzw. enden. Werden nur wenige Lurche überfahren, nehmt ihr von eurem aufwendigen Vorhaben Abstand. Liegen die Zahlen wandernder Lurche über 100 Tieren, lohnt sich der Einsatz.

- Stellt fest, ob genügend freiwillige Helfer beim Auf- und Abbau, besonders aber bei der Betreuung des Krötenzaunes zur Verfügung stehen. Ist dies nicht der Fall, müßt ihr euch um weitere Leute bemühen oder euer Vorhaben fallenlassen.
- Erkundigt euch, wem die Flächen gehören, auf denen der Zaun aufgestellt werden soll, und laßt euch am besten eine schriftliche Zustimmung geben. Das vermeidet späteren Ärger. Da der Zaun meist parallel zur Straße an der Böschung errichtet wird, sollte der Plan unbedingt mit dem Straßenbauamt abgestimmt werden. Gleichzeitig könnt ihr das Aufstellen von Hinweisschildern und Geschwindigkeitsbegrenzungen klären. Führt die Straße durch ein Waldgebiet, informiert ihr auch das Forstamt.
- Kümmert euch um die Materialbeschaffung und -finanzierung. Dazu besprecht ihr euren Plan mit der Naturschutzbehörde in der Kreisstadt. Diese, aber auch Straßenbauämter, stellen häufig Zaunmaterial oder das Geld für die Anschaffung zur Verfügung. Das Forstamt oder eine örtliche Baustoffhandlung liefert vielleicht kostenlos die für die Befestigung notwendigen Holzpflöcke oder anderes Baumaterial. Fragen kostet nichts.
- Materialien für den Zaunbau: Der Zaun sollte folgende Anforderungen erfüllen:

1. für Lurche unüberwindbar,
2. wetterbeständig und langlebig, damit auch in den folgenden Jahren wiederverwendbar,
3. leicht auf- und abzubauen,
4. preisgünstig.

Kunststoffgitternetze oder Maschendraht mit einer Maschenweite von etwa 4 mm sind besonders geeignet. Durch gröberen Maschendraht können Molche oder Jungkröten hindurchschlüpfen. Vielfach verwendete Plastikfolie ist zwar billiger, aber ihre Funktion hängt stark von der Festigkeit der Folie ab. Zu dünnes Material ist witterungsanfällig, reißt leicht, besonders bei starkem

Wind, und dehnt sich bei Erwärmung durch die Frühjahrssonne aus. Die Folge ist, daß die Folie stellenweise herunterhängt und von den Lurchen überklettert werden kann. Besser geeignet sind Hartkunststoff- oder PVC-Folien. Kunststoffgewebe, Holz, Well-Scobalit und Aluminium erfüllen ebenfalls ihren Zweck, sind jedoch aufwendiger beim Aufbauen. Herstellerfirmen erfragt ihr bei Naturschutzverbänden oder -behörden.

Das Zaunmaterial sollte eine Breite von 40–50 cm haben. Je nach Material benötigt ihr zum späteren Aufstellen und Befestigen des Zaunes 70–80 cm lange Holzpflöcke oder Eisenstangen. Ferner braucht ihr Nägel, Krampen (Schlaufen) oder Draht. Es ist jedoch besser, den Zaun später nicht direkt an die Pflöcke zu nageln, sondern mittels einer weiteren Holzlatte, die auf den Pflock genagelt wird, einzuklemmen. Das schont das Zaunmaterial beim Abbau und ermöglicht eine längere Verwendungsdauer. Außerdem besorgt ihr normale 10-Liter-Plastikeimer.

Wieviel Zaunmaterial ihr benötigt, hängt natürlich von der Länge des Straßenabschnittes ab, den die Kröten kreuzen. Wollt ihr auch die Rückwanderung sichern, braucht ihr selbstverständlich die doppelte Länge. Für 100 m Zaun besorgt ihr etwa 40 Pflöcke und 4–5 Plastikeimer.

● Ende Februar solltet ihr diese Punkte erledigt haben. Ihr stellt jetzt einen Einsatzplan auf: für den Auf- und Abbau und für die Kontrollgänge. Von dem Tag an, an dem der Zaun steht und die Eimer eingegraben sind, muß die Kontrolle funktionieren. In einem Kalender wird namentlich eingetragen, wer an welchen Tagen morgens oder abends »Krötendienst« hat. Ihr müßt euch darüber klar sein, daß die Eimer für Kröten, Molche oder Spitzmäuse zur Todesfalle werden, wenn sie nur einen Tag nicht geleert werden. Abhilfe könnten hier nur feste Deckel schaffen, mit denen die Eimer bereits am Tage verschlossen werden.

● Nun geht es richtig los. In Süddeutschland bereits Ende Februar, im Norden Anfang März beginnt ihr mit dem Zaunaufbau. Auf der mit dem Straßenbauamt oder dem Besitzer festgelegten Trasse grabt ihr mit Spaten und Hacke eine 5–10 cm tiefe Rinne, schlagt alle 2–3 m Pflöcke in die Erde und befestigt den Zaun an der straßenabgewandten Seite der Holzpflöcke. Diese können sonst die Fortbewegungsrichtung der Kröten am Zaun ungünstig beeinflussen oder bieten Möglichkeiten zum Emporklettern. 5–10 cm wird der Zaun in die Rinne eingegraben und sorgfältig mit der ausgeworfenen Erde abgedichtet. Damit wird den Kröten ein Durchschlüpfen verwehrt. Um ein Überklettern des Zaunes durch die Lurche ausschließen zu können, neigt ihr diesen beim Aufbau leicht in Richtung der anwandernden Tiere oder biegt einfach nur den oberen Rand um. Damit die Erdkröten den Zaun nicht an den Enden umgehen, führt ihr ihn im Winkel von der Straße weg. Zusätzlich grabt ihr an den Endpunkten jeweils einen Eimer ein. Die übrigen Eimer werden in einem Abstand von 30–40 m, wenn ihr mehr habt, auch dichter, so im Boden versenkt, daß der obere Rand bündig mit der Oberfläche abschließt und zwischen Zaun und Eimerrand kein Laufsteg bleibt. Durch den Eimerboden bohrt ihr kleine Löcher, damit bei Regen das Wasser abfließen kann. Sie müssen jedoch so klein sein, daß Molche nicht hindurchkriechen können. Da die Eimer für andere Zwecke nicht mehr verwendet werden können, sind sie gleichzeitig vor Diebstahl sicher. Füllt noch etwas Laub in die Eimer und stellt einen Stock für den Fall hinein, daß Mäuse oder Spitzmäuse hineinfallen. Schon jetzt solltet ihr die Eimer mit einer wetterfesten Farbe durchnumerieren und den Standort in einem Lageplan eintragen. Sind genügend Helfer für die Betreuung des Fangzaunes verfügbar, könnt ihr auch auf der anderen Straßenseite die Rückwanderung der Kröten durch einen Zaun sichern. Diese kann aber über Wochen andauern, da sie weniger massiv und gerichtet verläuft. Entsprechend werden auch weniger Kröten überfahren. Kaum zu sichern ist die Abwanderung der Jungkröten im Sommer.

- Jetzt benachrichtigt ihr die Naturschutzbehörde bzw. das Straßenbauamt und bittet um die Aufstellung der besprochenen Schilder, die bis zum Beginn der Krötenwanderung mit einem Sack verhängt werden. Außerdem besorgt ihr euch reflektierende Schutzjacken und Warnblinkleuchten (Straßenmeisterei, Bauhof), um bei den nächtlichen Kontrollgängen auch für heranrasende Autos sichtbar zu sein. Damit ihr bei der Kontrolle die Hand frei habt, benutzt ihr Taschenlampen mit langlebigen Batterien, die ihr an der Kleidung befestigen könnt.
- Fertigt einen Kontrollbogen an, auf dem ihr je Kontrollgang folgende Notizen vermerken könnt: Datum, Uhrzeit, Witterung (trocken, Regen, Wind), eventuell auch Bodentemperatur und Luftfeuchtigkeit, Eimernummer, Anzahl der Krötenmännchen, -weibchen und Tiere mit unbestimmtem Geschlecht, andere Arten und deren Anzahl. Unten seht ihr eine Zeile zum Zusammenzählen der Einzelergebnisse vor, in die ihr auch überfahrene Kröten eintragt. Den Bogen kopiert ihr (Muster am Buchende).

Die Anzahl der Kröten pro Eimer am Ende der Saison ermöglicht euch, beispielsweise bei Tunnelplanungen genaue Aussagen über die wichtigsten Kreuzungspunkte zu machen. Geschlechterverhältnis, Gesamtzahlen sowie die Tagesergebnisse geben über den Wanderverlauf, die Bestandsgröße, -zusammensetzung und über Bestandsschwankungen Aufschluß.

- Hört jetzt täglich die Wettervorhersage, denn bei Regen und ansteigenden Temperaturen über 5° C müßt ihr mit dem Beginn der Erdkrötenwanderung rechnen.
- Ist dieser Zeitpunkt erreicht, muß alles, was ihr von langer Hand vorbereitet habt, wie am Schnürchen laufen. Die Schilder werden sichtbar gemacht. Die Lokalzeitung informiert ihr über das Problem der Krötenwanderung, verbunden mit einem Hinweis an die Autofahrer, an den beschriebenen Straßenabschnitten langsam und vorsichtig zu fahren.

Von nun an müssen jeden Abend zwischen 21–22 Uhr, ganz

besonders aber morgens gegen 7 Uhr die Eimer kontrolliert werden. Warme Kleidung, Regenschutz, reflektierende Schutzjacken, Warnblinkleuchten und Taschenlampen, Kontrollbögen, Bleistift nicht vergessen! Euer Einsatzplan hilft euch jetzt. Eine abendliche Kontrolle kann im Notfall einmal ausfallen, **eine morgendliche nie!** Lurche können bei Sonnenschein im Eimer innerhalb weniger Stunden vertrocknen. Ist eine ständige Kontrolle nicht mehr gewährleistet, müßt ihr eure Aktion abbrechen, die Eimer ausgraben und den Zaun entfernen. Nur an Abenden bzw. in Nächten mit Frost könnt ihr pausieren. Bei jedem Kontrollgang füllt ihr sorgfältig den vorbereiteten Bogen aus. Andere Arten kennt ihr von euren Exkursionen, notfalls nehmt ihr ein Bestimmungsbuch zur Hand. Die Männchen der Erdkröte erkennt ihr an den dicken Daumenschwielen, die sie zum Festhalten der Weibchen benötigen.

Seid ihr bei der Geschlechtsbestimmung unsicher, faßt ihr die Kröten mit Daumen und Zeigefinger hinter den Achseln. Männchen stoßen in den meisten Fällen einen kurzen Abwehrruf aus. Nachdem ihr die Lurche in einen Sammeleimer umgesetzt habt, tragt ihr diesen über die Straße. **Vorsicht beim Überqueren!** Den Inhalt kippt ihr jenseits des Straßengrabens behutsam auf den Boden. Die Kröten sollen **nicht** ins Laichgewässer gebracht werden, da sie sich noch in der Wanderphase befinden und eventuell das Wasser wieder in Richtung Straße verlassen!

● Habt ihr den Zaun nur für die Hinwanderung aufgebaut, müßt ihr diesen spätestens dann wieder entfernen, wenn die ersten Kröten nach dem Laichen auf dem Rückmarsch sind. In Abhängigkeit vom Witterungsverlauf wird dies nach 2–3 Wochen sein. Eimer entfernen und Bodenlöcher mit Erde füllen.

Befindet sich der Zaun auf beiden Straßenseiten, müßt ihr nun die Erdkröten in entgegengesetzte Richtung tragen. Auch jetzt füllt ihr eure Kontrollbögen aus. Nach weiteren 2–3 Wochen werden die meisten Kröten das Laichgewässer verlassen haben.

Sinken die Fangzahlen, entfernt ihr auch diesen Zaun.

- Ihr benachrichtigt das Straßenbauamt, daß die Schilder wieder abgebaut werden können.

Eure Krötenrettungsaktion ist zu Ende. Nun setzt ihr euch an die Auswertung der Kontrollbögen.

Die Öffentlichkeit informieren

Es dürfte euch beim Lesen dieses Buches klargeworden sein, daß es noch viele weitere Möglichkeiten gibt, Lurchen bei den vielen Gefahren, die ihnen durch die Zivilisation drohen, zu helfen. Sie alle darzustellen, reicht der Platz nicht. Es hat sich aber auch gezeigt, daß man als einzelner bei vielen Vorhaben vor einer nicht zu bewältigenden Aufgabe steht. Ihr solltet euch daher mit Gleichgesinnten zu einer Lurchschutzgruppe zusammenschließen oder aktives Mitglied in einem Naturschutzverband werden, der sich gleiche Ziele zur Aufgabe gestellt hat. Gleichgesinnte trifft man jedoch nicht, wenn man im verborgenen arbeitet, dazu muß man an die Öffentlichkeit treten. Es werden viele Hände gebraucht.

Vieles zum Schaden unserer Lurche geschieht aus Unkenntnis oder Verständnislosigkeit. Ihr müßt also versuchen, mit aufklärenden Informationen bei der Bevölkerung um mehr Verständnis für die bedrohten Lurche und eure Bemühungen zu werben. Wenn ihr Erfolg habt, werden vielleicht nicht mehr so viele Tümpel verfüllt. Vielleicht fahren dann sogar die Autofahrer an den Krötenwanderstrecken langsamer und bringen euch nicht bei den Hilfsaktionen in Gefahr.

Hier noch einige Vorschläge:

- Wenn ihr eine Lurchschutzgruppe gegründet oder euch einer bereits bestehenden angeschlossen habt, versucht durch interessant gestaltete Informationsabende weitere Jugendliche zu gewinnen. Themen? Aus eurer Arbeit: Krötenrettungsaktion, Neuanlage von Gewässern, Entrümpelung, Kartierung, Bestimmung, Biologie der Lurche, am besten mit Dias. Vielleicht ladet ihr auch die Erwachsenen mal ein.

- Ihr entwerft ein Merk- oder Flugblatt, in dem ihr auf die Bedeutung und Gefährdung der Lurche, auf Kleingewässerschutz und die Notwendigkeit von Schutzmaßnahmen hinweist. Als Wurfsendung steckt ihr es im Dorf in jeden Briefkasten oder verteilt es mit weiteren Informationsschriften, Postern und Aufklebern, die ihr von Naturschutzverbänden oder -behörden zum Teil kostenlos erhalten könnt, bei entsprechender Gelegenheit auf einem Info-Stand.
- Ihr fragt bei der Gemeinde, ob ihr nicht in einem sicherlich vorhandenen Schaukasten auf euer Anliegen aufmerksam machen dürft. Vielleicht gibt euch die Sparkasse oder Bank im Ort Möglichkeiten, in der Schalterhalle eine kleine Foto- und Informationsausstellung aufzubauen.
- Bittet die Lokalzeitung, regelmäßig über eure Aktionen zu berichten. Den Stoff müßt ihr allerdings selbst liefern. Vielleicht könnt ihr auch selbst kleine Beiträge zum Thema verfassen.
- Organisiert für Jugendliche und Erwachsene eine Führung durch die Feldmark. Dort könnt ihr die Lurche und die Probleme des Amphibienschutzes am eindrucksvollsten zeigen.
- Besprecht mit eurem Biolehrer, ob ihr nicht auf dem Schulgelände einen »Öko-Teich« anlegen dürft. Im Laufe der Jahre können dann viele Schüler im Rahmen des Freilandunterrichtes die Lebensgemeinschaften eines Gewässers beobachten und kennenlernen. Hier könnte ein wichtiger Grundstein für Naturverständnis gesetzt werden. An einem »Tag der offenen Tür« erhalten auch Erwachsene Einblick.

*

Berichtet uns von euren Aktionen und Erfahrungen. Wir freuen uns auf Briefe und Anregungen aus eurer praktischen Arbeit:

Niedersächsisches Landesverwaltungsamt – Fachbehörde für Naturschutz – R. Podloucky, Postfach 107, 3000 Hannover 1

Bücher, die euch weiterhelfen

Arnold, E. N. und J. A. Burton: **Pareys Reptilien- und Amphibienführer Europas**
Verlag Paul Parey, Hamburg und Berlin, 1979

Diesener, G. und Reichholf, J.: **Lurche und Kriechtiere**
In der Reihe »Steinbachs Naturführer«, Mosaik Verlag, München, 1986

Mertens, R.: **Kriechtiere und Lurche**
Frankh'sche Verlagshandlung, Stuttgart

Moser, A. (Hrsg.): **Expedition Frosch**
Verlag Aare, Solothurn/Schweiz, 1980

Thielcke, G., C.-P. Herrn, C.-P. Hutter und R. L. Schreiber: **Rettet die Frösche**
Pro Natur Verlag, Stuttgart, 1983

Trutnau, L.: **Europäische Amphibien und Reptilien**
Belser Verlag, Stuttgart, 1975

Schröder, H.: **Lurche und Kriechtiere in Farben**
Otto Maier Verlag, Ravensburg, 1973

Informationsmaterial, Poster und Aufkleber erhaltet ihr kostenlos bzw. gegen geringen Unkostenbeitrag bei den Naturschutzverbänden (s. Seite 59) oder den Naturschutzbehörden.

Schallplatte

Froschlurche unserer Heimat
Best.-Nr.: 8306 bei AGM-Schallplatten Arno Graul, Kisslingweg 44, 7130 Mühlacker

Die ersten zehn Bände zur Aktion Ameise:

Michael Lohmann:	**Wir tun was für mehr Natur im Garten**
Richard Podloucky:	**Wir tun was für Frösche und Kröten**
Joachim Esser und Monika Neumeier:	**Wir tun was für die Igel**
Einhard Bezzel:	**Wir tun was für unsere Singvögel**
Michael Lohmann:	**Wir tun was für Hecken und Feldgehölze**
Heinrich Wiedemann:	**Wir tun was für den Wald**
Klaus Richarz:	**Wir tun was für unsere Fledermäuse**
Einhard Bezzel:	**Wir tun was für Greifvögel und Eulen**
Klaus Richarz:	**Wir tun was für mehr Natur in Dorf und Stadt**
Gunter Steinbach:	**Wir tun was für eine umweltbewußte Lebensweise**

AKTION AMEISE

will allen jungen Menschen, die sich der Natur in Zuneigung verbunden fühlen, eine Gemeinsamkeit sein. Ihre Mitwirkenden wünschen sich eine friedvolle Zukunft in einer freien Gemeinschaft der Menschen mit allen Lebewesenarten einer freien Natur.

Eine noch schweigende Vielheit von Kindern, Jugendlichen und Erwachsenen trauert über den fortschreitenden Verlust an Natur und Lebensqualität für alle Geschöpfe der Erde. Sie versagt nicht nur der Minderheit kurzsichtiger Macher, sondern auch den gedankenlosen Mitmachern ihre Zustimmung zu noch mehr Naturzerstörung auf Kosten des grünen Mantels unserer Erde, ihres Wassers und ihrer Luft, die dem Menschen einst in Reinheit anvertraut wurden. Viele junge Menschen eifern der Habgier oder der Unbedachtheit eines großen Teiles der Erwachsenenwelt nicht nach. Der Gesinnung und dem Willen dieser Heranwachsenden will die Aktion Ameise Ausdruck geben. Sie bejaht die von Menschen mitgestaltete Natur in ihrer vom Schöpfer gewollten Vielfalt und Freiheit. Die Aktion Ameise ist überparteilich, sie wurde von keiner Institution gegründet, hängt von keiner ab, verfolgt keine gewinnwirtschaftlichen Ziele, vertritt keine Konfession, keine Ideologie und läßt sich von keiner Institution alleinvertreten.

Die Aktion Ameise setzt sich ihre ideellen Ziele selbst. Sie will mit allen Menschen, Gruppen und Institutionen zusammenwirken, welche ihre Ziele im ganzen oder in Teilen unterstützen. Ihr bedeuten alle ähnlich Gesinn-

ten willkommene Partner, Andersdenkende achtenswerte Mitmenschen. Jede Gewaltanwendung gegen Menschen, deren Einrichtungen und Sachen ist mit den Zielen der Aktion Ameise unvereinbar.
Die Aktion Ameise ist eine Gesinnungsgemeinschaft für die Belange der Natur, in der dem Menschen ein wesentlicher Platz eigen ist. Wer die im folgenden aufgeführten 10 Grundsätze für sich persönlich bejaht und für sie aus Einsicht und eigenem Antrieb tätig wird, kann sich als Mitwirkender der Aktion Ameise fühlen. Mitgliedschaften anderer Gruppierungen überschneiden sich nicht mit der Mitwirkschaft bei der Aktion Ameise. Die innerlich auf diese Weise bestimmte, äußerlich formlose Mitwirkschaft bei der Aktion Ameise darf nicht an Mitgliedsbeiträge gebunden werden. Für die Dauer der ausdrücklichen und unterschriftlichen Zustimmung zu den 10 Grundsätzen ist jeder Mitwirkende zum Tragen des Ameisen-Emblems berechtigt. Die Aktion Ameise sucht möglichst viele ehrenamtliche Mitwirkende auf allen Tätigkeitsebenen zu gewinnen, sie erstellt oder veranlaßt ein breitgefächertes Programm von Veröffentlichungen, die jedermann zugänglich und als Publikation der Aktion Ameise kenntlich sind.

Von Herzen eingeladen zum Mitwirken bei der Aktion Ameise sind alle Menschen ohne Ansehen ihres Alters und ihres Platzes in der Gesellschaft, die sich angesprochen fühlen. Ohne EUCH kann es keine Aktion Ameise geben!

Gunter Steinbach

Die Grundsätze der AKTION AMEISE

1 Wir schützen Leben,
wo immer uns das möglich ist.

2 Wir sprechen allen Lebewesenarten das Recht auf Dasein und artgemäße Entfaltung zu.

3 Wir bemühen uns, Natur zu beobachten, ohne störend einzugreifen.

4 Wir helfen, Lebensräume naturnah zu bewahren, neue zu schaffen und zu gestalten.

5 Wir achten die Gesinnung, die Arbeit und den Besitz aller Mitmenschen.

6 Wir achten die Gesetze und verabscheuen jede Gewaltanwendung gegen Menschen, deren Einrichtungen und Sachen.

7 Wir lassen uns von Sachkundigen beraten.

8 Wir wollen niemandem unsere Meinung aufdrängen.

9 Wir helfen uns gegenseitig.

10 Wir wollen durch Toleranz, Geduld, Kenntnis und gute Beispiele wirken.

Adressen

Deutscher Naturschutzring e. V. (DNR)
Kalkuhlstraße 24 5300 Bonn 3
Telefon 0228/441505/442277

Schutzgemeinschaft Deutscher Wald (SDW)
Bund zur Förderung der Landespflege
Bundesverband e. V.
Meckenheimer Allee 79 5300 Bonn 1

Schutzgemeinschaft Deutsches Wild e. V.
(Organisation zur Erhaltung der freilebenden Tierwelt) Adenauerallee 160 5300 Bonn 1

Deutscher Bund für Vogelschutz e. V. (DBV)
Verband für Natur- u. Umweltschutz
– Bundesgeschäftsstelle – Hofgarten 4
5300 Bonn 1

Deutscher Tierschutzbund e. V.
Baumschulallee 15
5300 Bonn 3

Deutscher Jugendbund für
Naturbeobachtung (DJN)
Buchenstr. 18 2000 Hamburg 60

Deutsche Gesellschaft für
Herpetologie und
Terrarienkunde (DGHT)
Adenauerallee 150–164
5300 Bonn 1

Die Landesverbände des BUND für Umwelt und Naturschutz Deutschland e.V.

Schleswig-Holstein
Lerchenstraße 22
2300 Kiel
Tel.: 0431/673031

Bremen
Ostertorswallstr. 67
2800 Bremen 1
Tel.: 0421/323606

Hamburg
Lange Reihe 29
2000 Hamburg 1
Tel.: 040/244411

Berlin
Theodor-Heuss-Platz 7
1000 Berlin 19
Tel.: 030/3015644

Niedersachsen
Fundstraße 1 B
3000 Hannover 1
Tel.: 0511/341636

Nordrhein-Westfalen
Graf-Adolf-Straße 7–9
4030 Ratingen
Tel.: 02102/22081/82

Rheinland-Pfalz
Friedr.-Ebert-Str. 10
6522 Osthofen
Tel.: 06242/4646

Hessen
David-Stempel-Str. 1
6000 Frankfurt/M. 70
Tel.: 069/614444

Bundesgeschäftsstelle
In der Raste 2
5300 Bonn 1
Tel.: 0228/230001

Saarland
Futterstraße 14
6600 Saarbrücken 3
Tel.: 0681/33957

Baden-Württemberg
Erbprinzenstraße 18
7800 Freiburg
Tel.: 0761/35254

Naturschutzzentrum
Mühlbachstraße 2
7760 Radolfzell 16
Tel.: 07732/10522

Nordbayern
Bauernfeindstr. 23
8500 Nürnberg 60
Tel.: 0911/868011

Bayern
Schönfeldstraße 8
8000 München 22
Tel.: 089/288300

Südbayern
Theresienstraße 21
8000 München 2
Tel.: 089/396089

Umweltzentrum 7000 Stuttgart 1
Rotebühlstraße 84/I Tel.: 0711/613332

Lieber Leser, lieber Freund!

Wir laden dich ein, bei der Aktion Ameise mitzuwirken. Du gehörst unserer Gemeinschaft an, wenn du unseren 10 Grundsätzen auf Seite 58 ausdrücklich zustimmst und bereit bist, dich tätig für sie einzusetzen. Nicht einmal, sondern bei vielen Gelegenheiten.

Wir stehen an einem Anfang. Wieviel Gemeinsamkeit und Zusammenhalt wir unter dem zu bauenden Dach der Aktion Ameise entwickeln, hängt auch von dir ab. Uns verbindet der Wille, Leben zu schützen. Anregungen zu sinnvollem und nachhaltigem Handeln geben die ersten 10 Bände der Aktion Ameise. Weitere werden folgen. Nun kommt es darauf an, daß die Mitwirkenden – allein, in örtlichen Arbeitsgruppen oder als Mitglieder bestehender Umweltorganisationen – ein gemeinsames Bewußtsein entwickeln:

Wir können etwas zum Guten bewegen. Wir bestärken und helfen uns gegenseitig. Wir setzen uns Ziele. Wir sind nicht allein. Wir wollen verhindern, daß Natur zerstört wird, wo es vermeidbar wäre.

Wenn wir untereinander in Verbindung treten möchten, bedarf es einer Organisation. Wir wollen sowenig »Verwaltung« wie möglich, aber wir brauchen so viel, wie für eine Gemeinsamkeit nötig ist. So stellen wir uns die ersten Schritte der Aktion Ameise vor:

1. Schreibt uns!
   Bekunde durch deine Zuschrift, daß du mitwirken willst. Wir wollen keine Spenden von dir. Wir versuchen, Geld von Leuten zu bekommen, die es haben und sinnvoll einsetzen möchten. Alle verfügbaren Mittel werden offen verwaltet und für Vorhaben der Aktion Ameise eingesetzt.
2. Teile uns mit, was du von der Aktion Ameise erhoffst. Wir zählen einige Beispiele auf. Kreuze bitte das für dich Zutreffende an.

☐ Regelmäßige Informationsblätter
☐ eine eigene Zeitschrift für Mitwirkende
☐ Anregungen und Tips, wie ihr örtliche Arbeitsgruppen der Aktion Ameise gründen könnt
☐ Erfahrungsberichte von Mitwirkenden oder von Gruppen über ihre Bemühungen, Aktionen, Erfolge oder Rückschläge
☐ eine Möglichkeit, in einem Informationsdienst für alle Mitwirkenden Kleinanzeigen zu veröffentlichen (Kontakte, Hilfesuche und Hilfsangebote)
☐ eine Auskunftsstelle für aktuelle Umweltfragen (kostet viel Geld!)
☐ eine regelmäßig neu erscheinende Adressenliste aller Mitwirkenden der Aktion Ameise, damit sich Gleichgesinnte besuchen, anrufen oder schreiben können
☐ Möglichkeit der Beteiligung an Unterschriftenaktionen zugunsten der Natur (die Unterschrift von Minderjährigen gilt rechtlich weniger als die von Erwachsenen!)
☐ Berufsberatung für Berufe, die mit Pflanzen, mit Tieren, mit Landwirtschaft, mit Umweltforschung oder mit Umweltschutz zu tun haben
☐ die Durchführung eines jährlichen bundesweiten Wettbewerbs **Jugend schützt** sowohl für »Einzelkämpfer« als auch für Gruppen

Weitere Wünsche:

____

____

____

____

3. Damit wir uns gegenseitig als Mitwirkende erkennen, wollen wir eine Anstecknadel herstellen lassen und zum Selbstkostenpreis an alle Mitwirkenden schicken, die das wünschen.
   ☐ Ich wäre bereit, etwa 1,– DM + Porto für einen Sticker auszugeben
   ☐ Ich habe kein Interesse an einem Sticker der Aktion Ameise

4. Wir sind auf eure Mithilfe angewiesen!
   - ☐ Ich wäre unter Umständen bereit, ehrenamtliche Aufgaben für die Aktion Ameise zu übernehmen
   - ☐ Ich halte eine Organisation der Aktion Ameise für überflüssig
   - ☐ Ich bin für eine Fortsetzung des Buchprogramms der Aktion Ameise
   - ☐ Ich war mit dem Band »Wir tun was für Frösche und Kröten« nicht zufrieden. Meine Gründe:

____

____

____

Wir lesen und berücksichtigen jede Zuschrift. Dagegen wird es in der Regel nicht möglich sein, Briefe einzeln zu beantworten.

Mein Name: ____

Meine Adresse: ____

____

Ich erkläre mich mit den zehn Grundsätzen der Aktion Ameise, wie sie auf Seite 58 dieses Buches stehen, einverstanden.

Mein Alter: Datum: Meine Unterschrift:

____

Trenne diese Seite heraus
und schicke sie an die
AKTION AMEISE
c/o Gunter Steinbach
Irsengund
D 8999 Oberreute